소세키의 말

소세키의 말

나쓰메 소세키
박성민 엮고 옮김

시와서

차례

인간 _____ 7

사랑 _____ 51

세상 _____ 71

인생 _____ 117

생사 _____ 159

예술 _____ 177

작가 _____ 207

미문 _____ 237

옮긴이의 말   254

인간

무사태평해 보이는 사람들도 마음속 깊은 곳을 두드려 보면, 어디선가 슬픈 소리가 난다.

나는 고양이로소이다

태어날 때 깊이 생각해서 태어나는 사람은 아무도 없지만 죽을 때는 누구나 걱정이 많아 보이네요.

나는 고양이로소이다

타인은 결코 자기보다 훨씬 탁월하지 않아. 또한 결코 자기보다 훨씬 뒤떨어지지도 않지. 특별한 이유가 없다면 나는 이런 마음으로 사람을 대하고 있네. 그렇게 해서 아무런 문제가 없다고 생각하네.

서간

대단하든 대단하지 않든, 사람은 사회에 머리를 내민 순서가 다른 것뿐이야. 저런 무리들, 박사라느니 학사라느니 해봤자, 만나서 얘기해보면 아무것도 아닌 사람들이야.

산시로

사람이 어찌 자기 자신을 모르겠는가?

이 말은 어느 중국 호걸의 말이다. 사람들이 자기 자신을 안다면 애초에 문제될 것이 없다. 남을 가리켜 바보라고 말하는 것은 자신이 똑똑하다고 여길 때 내뱉는 비평이고, 자신도 언제든 바보들 무리에 들어올 충분한 가능성을 갖추고 있음을 깨닫지 못하는 자의 비평이다.

상황에 맞닥뜨린 자는 길을 헤매고, 그것을 옆에서 지켜보는 자는 조롱하지만, 그렇게 지켜보는 자가 꼭 바둑을 잘 두는 것은 아니니 어찌해야 할까. 자신을 아는 밝은 지혜를 가진 자가 드물다고 흔히들 말하지만, 나는 인간에게는 스스로를 아는 밝은 지혜가 없다고 단언한다.

인생

드 퀸시는 "이 세상에는 사람의 마음이 얼마나 선하고 얼마나 악한지 모르는 채 살아가는 자들이 있다"라고 했다. 타인에 관한 일이라면 당연히 그렇겠지만, 나는 드 퀸시에게 되묻고 싶다. "자네는 자네 자신이 어느 정도로 선하고 또 어느 정도로 악한지 알고 있나?"라고.

인생

자신의 진실된 모습을 드러내는 것이 곧 명예를 얻는 지름길이지만, 이 지름길을 따르는 것은 비겁한 인류에게는 더없이 어려운 일이다. 바라건대 "사람이 어찌 자기 자신을 모르겠는가?"라는 말을 하는 자에게 자기 마음의 역사를 성실히 쓰게 해보라. 그는 분명 스스로를 알지 못하는 것에 놀랄 것이다.

인생

타인의 마음은 밖에서 연구할 수는 있다. 그러나 그 마음이 되어 볼 수는 없다.

행인

타고난 마음의 작용을, 불편한 곳만 검게 칠해 지워 없애는 것은 예로부터 수천만 명이 시도한 궁여지책이고, 수천만 명이 똑같이 실패한 졸책이다. 인간의 마음은 원고지와는 다르다.

우미인초

관계가 옅은 곳에서는 동정도 저절로 옅은 법이다. 알지도 못하는 남을 위해 안타까워하고, 슬퍼하고, 탄식하는 것은 결코 자연의 경향이 아니다. 인간이 그렇게 정이 깊고 배려 있는 동물이라고는 도저히 받아들이기 어렵다. 그저 세상에 태어난 것에 대한 세금으로, 가끔 교제를 위해 눈물을 흘려 보이고 안쓰러운 얼굴을 지어 보이는 것일 뿐이다. 말하자면 눈속임용 표정인데, 그 대부분이 사실은 힘겨운 예술이다. 이 눈속임이 능숙한 자를 예술적 양심이 투철한 사람이라고 하고, 세상은 이것을 대단히 귀중하게 여긴다. 그렇기 때문에 남들에게 진중한 대접을 받는 인간만큼 의심스러운 것은 없다.

나는 고양이로소이다

인간은 열과 성을 다해야 할 만큼 고상하고, 진지하고, 순수한 동기나 행위를 늘 갖고 있는 것은 아니다. 그렇다기보다 훨씬 하등한 것이다. 그 하등한 동기나 행위를 열과 성을 다해 다루는 것은 무분별하고 유치한 두뇌의 소유자이거나, 그렇지 않으면 열과 성을 일부러 내보이며 자기를 추켜세우려는 사기꾼일 뿐이다.

그 후

원래 인간이란 것은 다들 자신의 역량을 자만하며 자란다. 인간보다 조금 더 강한 것이 나타나서 괴롭히지 않는다면 앞으로 어디까지 자랄지 알 수 없다.

나는 고양이로소이다

인간은 다양하기 때문에 남들에게도 자기처럼 되라고 권한다 한들 그렇게 될 수 있는 것이 아니다. 젓가락은 남들처럼 쥐지 않으면 밥을 먹기 어렵지만, 자기 빵은 자기 마음대로 잘라서 먹는 게 제일 편하다.

나는 고양이로소이다

이 세상에 알 수 없는 인간만큼 위험한 것은 없다. 뭘 할지, 뭘 생각하는지 마음을 놓을 수가 없다.

그 후

인간이든 동물이든 자기를 안다는 것은 생애의 가장 큰 일이다.

나는 고양이로소이다

배가 고프면 먹고 싶고, 배가 부르면 자고 싶고, 궁지에 몰리면 행동이 흐트러지고, 목적을 이루면 도리를 행하고, 반하면 함께 살다가, 정이 떨어지면 이혼하는 것일 뿐이니, 모든 것이 임기응변으로 처리하는 것이다. 인간의 특색은 이것 외에 달리 아무것도 없다.

갱부

밤에는 아침밥을 생각하고, 아침에는 점심밥을 생각하고, 점심에는 저녁밥을 생각한다. 사람의 목숨은 먹는 것에 달려 있다고 한다. 이 속담은 더할 나위 없이 적절하다. 자연은 인간을 제대로 만들었다. 나는 지금, 오로지 밥만 생각하며 살고 있다.

일기 및 단상

인간도 그날그날에 따라 각양각색이다. 악인이 되었다가 그다음 날은 선인으로 변하고, 소인의 낮이 지나면 군자의 밤이 찾아온다.

취미의 유전

요즘 들어서는 인간의 성격 같은 건 원래부터 없는 것이라는 생각이 든다. 흔히 소설가가 이런 성격을 쓴다거나 저런 성격을 만들어낸다며 의기양양해한다. 독자도 성격이 이렇다느니 저렇다느니 하며 다 아는 것처럼 말하지만, 그건 전부 거짓을 쓰며 즐기거나, 거짓을 읽고 즐거워하는 것일 테다. 사실을 말하자면, 성격이라는 것은 정리될 수 없는 것이다. 진실은 소설가 같은 사람이 쓸 수 있는 것이 아니고, 썼다 한들 소설이 될 리도 없다. 진짜 인간은 묘하게 정리되기 어려운 것이다. 신조차 애를 먹을 만큼 정리되지 않는 대상이다. 하지만 나 자신이 도저히 정리될 수 없도록 만들어졌으니 남들도 나처럼 분명 야무지지 못한 인간이라고 지레짐작한다면, 그건 실례다.

갱부

자신의 코 높이를 모르는 것처럼, 자신이 어떤 인간인지는 좀처럼 짐작하기 어렵다.

나는 고양이로소이다

잘 살펴보면, 인간의 성격은 한 시간마다 변한다. 변하는 것이 당연하고, 변하는 동안에는 모순이 생겨난다. 즉, 인간의 성격에는 모순이 많다는 뜻이다. 모순투성이라면 결국 성격이 있든 없든 똑같은 것으로 귀결된다. 거짓말 같으면 시험해봐도 좋다. 남을 시험한다는 둥 못된 짓은 하지 말고, 먼저 스스로 자기 자신을 시험해보는 것이 좋다.

갱부

　병에 잠복기가 있듯이, 우리의 사상이나 감정에도 잠복기가 있다. 이 잠복기 동안에는 자신이 그 사상을 갖고 있고 그 감정에 지배되고 있으면서도 전혀 자각하지 못한다. 또한 그 사상이나 감정이 외적인 요인으로 의식의 표면으로 나올 기회가 없다면, 평생 그 사상이나 감정의 지배를 받으면서도, 자신은 절대로 그 영향을 받은 기억이 없다고 주장한다.

갱부

인간은 아침부터 밤까지 가면을 쓰고 있다. 다만, 밥을 먹을 때만큼은 가면을 벗는다. 벗고 싶어서 벗는 것이 아니다. 벗지 않으면 밥을 먹을 수 없기 때문이다. 밥을 먹는 것은 가면을 쓰는 것보다 중요한 일이다.

가면을 벗지 않아도 밥을 먹을 수 있는 사람은 하루 종일 가면을 쓴다. 귀족이나 부자들이 그렇다. 그렇기 때문에 귀족이나 부자는 가면인지 진짜 얼굴인지 알 수 없는 얼굴을 하고 있다.

교육을 받지 못한 사람은 하루에도 몇 번이고 가면을 벗어야 한다. 궁핍한 사람도 하루에 몇 번이나 가면을 벗는다. 동전 하나만 주어도 바로 가면을 벗어던진다.

일기 및 단상

의심을 하면 자신에게조차 속는다. 하물며 자기 이외의 인간이 이해관계가 얽힌 거리에서 손해를 피하려고 뒤집어쓰는 낯짝의 두께는 쉽게 가늠할 수 없다.

우미인초

거울은 자부심의 양조기인 동시에 자만심의 소독기다. 만약 겉만 화려한 허영심으로 거울을 마주할 때는 이보다 더 어리석은 자를 선동하는 도구가 없다. 예로부터 잘난 척하다가 자신을 해하고 남을 망친 사건의 3분의 2는 분명 거울의 소행이다. (중략)

하지만 자신에게 정나미가 떨어졌을 때, 자아가 위축되었을 때는 거울을 보는 것만큼 약이 되는 것이 없다. 아름다움과 추함을 명백하게 보여준다. 이런 얼굴로 지금까지 잘도 사람 행세를 하며 살아왔구나 하고 깨닫게 되는 것이다.

나는 고양이로소이다

나는 뭐가 제일 싫은가 하면, 남 뒤에 숨어서 자기만 위하는 것만큼 싫은 게 없다.

도련님

사람을 보고 함부로 웃는 자는 분명 그 사람에게 뭔가 바라는 것이 있다는 증거다.

우미인초

비가 올 것 같아서 우산을 주려고 내밀었을 때, 우산이 두 개라면 사양하지 않는 것이 세상인심이다. 하지만 우산을 줄 사람이 뻔히 비에 젖을 걸 알면서도 개의치 않고 멋대로 손을 내미는 것 또한 사람의 마음이기도 하다. 거기서 수수께끼가 생긴다. 주겠다는 말은 진심으로 하는 거짓말이고, 받지 않을 듯한 표정을 짓는 것도 이웃에 대한 체면일 뿐이다.

우미인초

인간의 마음은 물과 같은 것으로, 밀면 끌어당기고 끌어당기면 민다. 처음부터 끝까지 손을 대지 않는 스모를 하며 살고 있다고 해도 무방할 것이다.

갱부

사람은 겨우겨우 눈앞의 뜻을 이루게 되면 곧바로 반동이 일어나 오히려 뜻을 이룬 것이 갑자기 원망스러워질 때가 있다.

갱부

보통 사람은 평소에 아무 일이 없을 때는 대체로 낭만파이지만, 막상 무슨 일이 생기면 열이면 열 모두 자연주의로 변합니다. 무슨 말이냐 하면, 자신이 방관자일 동안에는 타인에 대한 도덕적 요구가 꽤 크기 때문에, 사소한 분쟁이나 과실이라도 외부에서 평가할 때는 매우 가혹합니다. 다시 말해, 내가 그 사람의 입장이라면 그런 실수는 저지르지 않았을 거라며 자기를 높이 평가하는 낭만적인 생각이 어딘가에 잠재되어 있는 것입니다.

그런데 막상 자신이 그 상황에 닥치면 오히려 자신이 업신여긴 선임자보다 더 심한 과실을 범하기 쉽기 때문에, 그런 상황에서는 본래 약점투성이인 자신이 가차없이 드러나, 자연주의로 끝까지 밀고 나가지 않으면 안 되는 것입니다. 그래서 나는 실행하는 자는 자연파이고, 비평가는 낭만파라고 말하고 싶습니다.

문예와 도덕

인간은 대나무처럼 곧지 않으면 믿음직스럽지 못하다. 곧은 것은 싸움을 해도 기분이 좋다.

도련님

세상은 집요하고 독살스럽고 좀스럽고 거기다가 뻔뻔하고 밉살스러운 놈으로 가득하다. 애초에 뭘 하러 세상에 얼굴을 들이밀고 있는지 알 수 없는 놈조차 있다. 게다가 그런 얼굴은 하나같이 크다. 속세의 바람을 맞는 면적이 넓다는 것이 큰 명예인 것처럼 생각한다.

풀베개

　좋아하는 것에는 자연스럽게 손이 가는 법이야. 어쩔 수가 없어. 돼지는 손을 내밀 수 없는 대신 코를 내밀지. 돼지를 묶어 움직이지 못하게 하고 그 코앞에 맛있는 먹이를 놓아두면, 움직일 수가 없으니 코끝이 점점 늘어난다고 하는군. 먹이에 닿을 때까지 늘어난다는 거야. 정말이지 한결같은 결심만큼 무서운 건 없어.

산시로

　먹고 싶으면 먹고, 자고 싶으면 자고, 화날 때는 열심히 화내고, 울 때는 절박하게 운다.

나는 고양이로소이다

자네는 자네 머릿속에 최상의 선(善)이라는 이상(理想)이 있고, 그 이상을 표준으로 삼아 타인을 칭찬하거나 폄하한다고 말하고 있네. 하지만 자네의 이상에 맞추어 엄격히 판단하여, 이 사람이야말로 가장 선한 사람이라고, 자네가 내는 도덕 시험에 만점을 받고 합격할 만한 사람이 세상 사람들 중에 있을까. 내 단언하건대 그런 사람은 없네. 인간은 완전하지 않네. 머리끝에서 발끝까지 원만한 덕을 갖춘 성인은 실제 세계에 존재하지 않네. 인간의 사상은 실(實)에서 공(空)으로 들어가고, 천박함에서 고상함으로 이동하네. 실을 벗어난 선(善), 세속보다 고상한 선, 이것이 자네 머릿속의 이상이네. 그런 이상이라는 척도로 이렇게 선악이 혼합된 인간을 평가한다면 결코 합격자를 찾지 못할 것이네. (중략)

만약 선은 선으로서 받아들이고 악은 악으로서 버린다는 뜻이라면, 자네는 이미 선을 칭찬하는 동시에 악을 포용한다는 것이네. 악을 포용하지 않고 털끝만 한 악을 하나 찾아내어 이 사람은 대화할 사람이 아니라고 미워한다면, 그가 설령 다른 어떤 선한 일을 한다 해도, 자네는 끝내 그 선을 알 수가 없네. 또한 그가 조금의 선을 행했다고 해도 그에게 악이 가득한 이상 어찌할 수 없지 않겠나. 인간 세계에서 선은 선, 악은 악이라고 나누어, 선의 구역에 있는 사람은 평생 악을 보지 않고, 악의 영역에 있는 사람은 평생 선을 알지 못하는 일은 일어나지 않네. 누구에게나 취할 점이 있고 또 버려야 할 점이 있네. 자네도 약간의 선을 행한 적이 있으면 또한 약간의 악을 품은 적도 있을 것이네. 실례되는 말이지만, 자네의 몸조차도 되돌아보면 미묘한 때에 홀연히 악한 마음이 마음속에 떠오른 적이 있을 것이네 (설령 그것을 행하지는 않았다 하더라도). 그건 아마도 인간이 선과 악, 두 종류의 본성을 가지고 이 세상에 나왔기 때문일 것이네. 만약 인성이 선이라고 한다면, 악이라는 것을 알 리가 없겠지. 또한 악이라는 것을 행할 리도 없네. 선악의 두 성질을 다 타고났다면, 선을 칭찬함과 동시에 불선(不善)을 가엾게 여겨야 할 것이네. 지금 자네가 미워하고 있는 불선을 용서하지 않고 죽을 때까지 잊지 않는다면, 나는 참으로 측은지심 없는 자네의 마음을 한탄하지 않을 수 없네.

    나는 결코 자네를 비방하려는 것이 아니네. 그저 자네의 선악 기준으로 내 말이 선인지 악인지 헤아려주게.

서간

길에서 남과 마주칠 때가 있다. 양쪽이 조금씩 몸을 비켜서 가면 서로가 원래대로 남남이 된다. 하지만 어떨 때는 양쪽 다 똑같이 오른쪽으로 또는 왼쪽으로 피한다. 이게 아닌데 하며 반대쪽으로 가려고 발을 옮기면, 맞은편도 이러면 안 되는데 하며 마음을 바꿔 반대쪽으로 간다. 반대와 반대가 맞부딪혀, 어이쿠 하고 또 발을 옮기면, 상대방도 동시에 똑같이 발을 옮긴다. 두 사람이 발을 내디디려다 주춤하고, 주춤하다가 또 발을 내디디며 괘종시계의 추처럼 이리 갔다 저리 갔다 계속 헤맨다. 급기야는 서로가 서로를 나쁜 놈이라고 욕을 하고 싶어진다.

우미인초

옷을 껴입지 않으면 감기에 걸린다고 충고를 했는데, 그 말을 들은 사람이 내 말을 듣지도 않고, 게다가 쌩쌩하게 돌아다니기까지 하면 기분이 나쁘다. 어떻게 해서든 감기에 걸리게 하고 싶다. 인간은 이렇게나 자기만 생각하는 법이다.

취미의 유전

도덕적으로 추한 자, 괴상한 자, 비열한 자를 아무렇지도 않게 받아들이는 사람을 보고 마음이 넓다고 한다. 그것을 받아들이지 않는 사람을 보고는 마음이 좁다고 한다. 세상 사람들은 받아들이는 것을 칭찬하고, 받아들이지 않는 것을 폄훼한다. 하지만 무엇 때문에 마음이 넓은 사람은 선하고, 마음이 좁은 사람은 나쁜지는 생각하지 않는다. 넓은 것은 그냥 넓은 것이다. 좁은 것은 그냥 좁은 것이다. 상하의 구별이 없는 것이다. 칭찬하는 것도 헐뜯는 것도 모두 사람들의 이기심에서 비롯되는 것이다. 그것을 깨닫지 못하고, 마음이 넓다는 말을 들으면 기뻐하고 좁다는 말을 들으면 불평하는 것은 무턱대고 남의 선동에 휩쓸리는 것과 마찬가지이다.

일기 및 단상

어떤 사람은 10전을 1엔의 10분의 1이라고 해석한다. 어떤 사람은 10전을 1전의 10배라고 해석한다. 같은 말이 사람에 따라 높아지기도 낮아지기도 한다. 말을 사용하는 사람의 식견에 따라 달라진다.

우미인초

자각이 없는 자는 다루기 쉽고, 자각이 있는 자는 다루기 어렵다. 버릇 같은 것은 조심스럽게 가르쳐주면 그렇구나 하고 바로 받아들인다. 하지만 스스로 자각하여 선(善)이라고 또는 미(美)라고 믿는 것은 남이 아무리 말해도 그 잘못된 점을 받아들이지 않는다. 그렇기 때문에 남을 계몽한다는 것은 상대방이 내 쪽으로 한 발짝 내디디거나 손을 내밀어줄 때만 가능하다.

일기 및 단상

인간의 연구라는 것은 자기 자신을 연구하는 것이다. 천지니 산천이니 일월이니 성신이라고 하는 것도 전부 다 자신의 다른 이름일 뿐이다. 자기 자신 외에 다른 연구할 만한 사항을 찾을 수 있는 사람은 아무도 없다. 만약 인간이 자기 자신 밖으로 뛰쳐나간다면, 뛰쳐나가는 순간 자기는 사라져버린다. 게다가 자기의 연구는 자기 외에 아무도 해줄 사람이 없다.

나는 고양이로소이다

나폴레옹이든 알렉산더든, 이겨서 만족한 사람은 하나도 없다. 남이 마음에 들지 않아 싸움을 하고, 그 사람이 항복하지 않아서 법에 호소해 법정에서 이긴다 한들, 그것으로 결론이 난다고 생각한다면 착각이다. 마음의 결론은 아무리 애를 태운들 죽을 때까지 정리될 수 없다.

나는 고양이로소이다

마음을 어디에 둘까. 적의 몸동작에 마음을 두면 적의 몸동작에 마음을 빼앗긴다. 적의 칼에 마음을 두면 적의 칼에 마음을 빼앗긴다. 적을 베려고 하면 적을 베려는 생각에 마음을 빼앗긴다. 내 칼에 마음을 두면 내 칼에 마음을 빼앗긴다. 적에게 베이면 안 된다는 생각에 마음을 두면, 베이면 안 된다는 생각에 마음을 빼앗긴다. 상대방의 자세에 마음을 두면 상대방의 자세에 마음을 빼앗긴다. 뭘 어떻게 하든 마음을 둘 곳이 없다.

나는 고양이로소이다

떠나려는 배에 한쪽 발을 내디뎠을 때, 사공이 "떠납니다" 하며 노를 고쳐 잡으면, 잠깐만 기다려달라고 말하고 싶어진다. 누군가 뭍에서 배를 끌어당겨주면 좋겠다고 생각한다. 이제 막 올라탔으니 아직은 뭍으로 돌아갈 기회가 있기 때문이다. 약속도, 지키기 전까지는 물가를 떠나지 않은 배와 같은 것이어서, 아직은 다급한 상황에 처하지 않은 것이다.

우미인초

뱃사공이 손님에게 배를 좋아하냐고 물었을 때, 좋은지 싫은지는 당신이 키를 어떻게 잡느냐에 달린 것이라고 대답할 수밖에 없는 경우가 있다. 책임을 떠맡은 사공에게 이런 질문을 받는 것만큼 화나는 일이 없는 것처럼, 나의 좋고 싫음을 좌우하는 인간이, 아무것도 모르는 척하며 좋은지 싫은지를 물으면 괘씸하게 느껴진다.

우미인초

인간은 모가 나면 세상을 굴러갈 때 힘이 들어서 손해다. 둥글둥글한 것은 굴러 굴러 어디든 어려움 없이 갈 수 있는데, 네모난 것은 굴러가는 데 힘들 뿐만 아니라, 구를 때마다 모서리가 깎여 아픈 법이다. 어차피 나 혼자만 사는 세상도 아니고, 그렇게 내 생각대로 남이 움직여주지는 않는다.

나는 고양이로소이다

떨어져 있으면 아무리 친해도 그것으로 끝인 대신, 함께 있기만 하면 설령 적이라고 해도 어찌어찌 지내게 된다. 그것이 인간일 것이다.

한눈팔기

인간을 정의하자면 달리 아무것도 없다. 단지 쓸데없는 것을 만들어 내어 스스로 괴로워하는 존재라고 하면, 그것으로 충분하다.

나는 고양이로소이다

도덕에 가세하는 자는 한때의 승리자임에는 틀림없지만, 영원한 패배자다. 자연을 따르는 자는 한때의 패배자라 해도 영원한 승리자다.

행인

인간이란 다시 생각해보면 묘한 것이어서, 진지한 마음으로 공부를 하면 지금까지 전혀 이해하지 못한 것도 분명히 알게 된다.

낙제

자신에게 성실하지 않은 사람은 결코 남에게 성실할 수 없다.

행인

인간은 그저 눈앞의 습관에 눈이 멀어 근본 원리를 잊어버리기 때문에 조심하지 않으면 안 된다.

나는 고양이로소이다

인간은 좋고 싫음으로 움직이는 것이다. 논리로 움직이는 것이 아니다.

도련님

문(文)은 사람의 눈을 빼앗는다. 교(巧)는 사람의 눈을 속인다. 질(質)은 사람의 눈을 밝힌다.

우미인초

인간은 한적함의 경계에 서 있지 않으면 불행하다.

생각나는 것들

냉담함은 인간 본래의 성질이며 그 성질을 감추려고 애쓰지 않는 자는 정직한 사람이다.

나는 고양이로소이다

사람은 이해타산이 아니라 상대방의 따뜻한 마음씨에 감동해서 움직인다고 한다.

입사의 말

학생이 사과한 것은 진심으로 반성해서 사과한 것이 아니다. 단지 교장 선생님의 명령으로 형식적으로 고개를 숙였을 뿐이다. 상인이 머리만 숙이고 교활한 짓을 멈추지 않는 것과 마찬가지로, 학생도 사과만 할 뿐 절대 장난을 멈추지 않는다. 잘 생각해보면 세상은 전부 이 학생 같은 사람들로 이루어져 있는지도 모른다. 남이 사과하거나 사죄하는 것을 진지하게 받아들이고 용서해주면 너무 정직한 바보라고 할 것이다. 사과하는 것도 사과하는 척하는 것이고 용서하는 것도 용서하는 척하는 것이라고 생각하면 문제될 것이 없다.

도련님

가장 강한 대답을 하려고 할 때에는 가만히 있는 것이 최고다. 무언은 황금이다.

우미인초

얻기 힘든 기회는 모든 동물로 하여금 내키지 않는 일까지도 감행하게 한다.

나는 고양이로소이다

인간인 이상, 가끔은 화를 내는 것이 좋다. 반항하는 것이 좋다. 화를 내도록, 반항하도록 만들어져 있는데도 억지로 화내지 않고 반항하지 않는 것은 스스로 자신을 바보라고 가르치며 즐거워하는 것이다. 무엇보다도 몸에 독이 된다. 남에게 폐를 끼치게 되는 것이라면, 처음부터 남이 화내지 않도록, 반항하지 않도록 미리 준비하는 것이 지당하지 않은가.

갱부

남과 싸우는 것은 인간 타락의 한 범주가 되었다. 싸움의 일부분으로서 남을 화나게 하는 것은, 화나게 하는 것 그 자체보다도, 화가 난 사람의 안색이 내 눈에 얼마나 불쾌하게 비치는가 하는 점에서 소중한 내 생명을 상처 입히는 타격이 될 뿐이다.

그 후

모든 것을 재고 헤아리는 사람은 단순하고 변화 없는 사람을 부러워한다.

우미인초

당신은 방금 친척 중에 이렇다 할 나쁜 인간은 없는 것 같다고 말했지요. 그런데 나쁜 인간이라고 하는 종류의 인간이 세상에 있다고 생각합니까? 그렇게 틀로 찍어낸 것 같은 악인은 세상에 있을 리가 없습니다. 평소에는 다들 선한 사람입니다. 적어도 다들 평범한 인간입니다. 그것이 막상 어떤 일이 닥치면 갑자기 악인으로 변하기 때문에 무서운 것입니다. 그렇기 때문에 마음을 놓을 수 없는 것입니다.

마음

기억해 주십시오, 당신이 알고 있는 나는 먼지에 더럽혀진 후의 나입니다. 더러워진 햇수가 많은 사람을 선배라고 부른다면, 나는 분명 당신보다 선배이겠지요.

마음

일이 잘 되었을 때 모르는 척하고 있는 것은 기분이 좋지만, 일을 그르치고도 잠자코 있는 건 불쾌해서 참을 수가 없다.

산시로

기교의 변화(왼쪽, 오른쪽, 가로, 세로, 비스듬함), 그중 어느 것도 성공하지 못했을 때는 어떻게 하면 성공할 수 있을까? 그런 질문을 던지고는 또 그다음의 기교를 생각한다. 그렇게 기교는 어떤 식으로든 성공할 수 없다는 것을 미처 깨닫지 못한다.

인간은 만사가 전부 기교로 해결된다고 생각한다. 그리고 온갖 기교 중 어느 하나는 들어맞을 거라고 생각한다. 인간이 성실함으로 돌아가는 날은 언제일까?

인간은 기교로 생활하고 있다. 그것은 마치 물속에 사는 물고기가 공기라는 관념도 없는 주제에 어떻게 하면 땅 위를 걸을 수 있을까 하고 궁리하는 것과 다름 없다.

일기 및 단상

빠져나갈 수 없다는 걸 뻔히 알면서도 나가려고 하는 것은 억지이다. 억지를 부리려고 하니까 괴로운 것이다. 한심하다. 본인이 원해서 괴로워하고 기꺼이 고문을 당하는 것은 바보 같은 짓이다.

나는 고양이로소이다

너는 세상을 있는 그대로 받아들이는 사람이야. 바꿔 말하면 의지를 발전시킬 수 없는 사람이겠지. 의지가 없다는 건 거짓말이야. 인간인 이상. 그 증거로, 늘 뭔가 부족하다고 느낄 거야. 나는 내 의지를 현실 사회에 작용시켜서 그 현실 사회가 내 의지로 조금이나마 내 뜻대로 되었다는 확증을 손에 쥐지 않고서는 살아갈 수가 없어. 거기서 나는 내 존재 가치를 인정하는 거야. 너는 그저 생각만 할 뿐이야. 생각만 할 뿐이니까, 머릿속의 세계와 머리 밖의 세계를 따로따로 세우고 사는 거지. 이 거대한 부조화를 견디고 있는 것 자체가 이미 무형의 큰 실패가 아닐까.

그 후

너처럼 한가한 사람의 눈으로 보면 일본의 가난이나 우리들의 타락이 마음에 걸릴지도 모르지만, 그건 이 사회에 쓸모없는 방관자나 되어서야 비로소 입에 올릴 수 있는 말이야. 다시 말해 거울에 비친 자기 얼굴을 볼 여유가 있으니까 그러는 거야. 바쁠 때는 자기 얼굴 같은 건 다들 잊고 살지 않나.

그 후

걷고 싶으니까 걷는다. 그러면 걷는 것이 목적이 된다. 생각하고 싶으니까 생각한다. 그러면 생각하는 것이 목적이 된다. 그 외의 목적을 가지고 걷거나 생각하는 것은 보행과 사고의 타락이 되는 것처럼, 자신의 활동 이외에 어떤 목적을 세우고 활동하는 것은 활동의 타락이 된다. 그렇기 때문에 자신의 모든 활동을 수단의 도구로 사용하는 것은 스스로 자기 존재의 목적을 파괴한 것이나 마찬가지이다.

그 후

인간은 어떤 목적을 갖고 태어난 것이 아니었다. 그와는 반대로, 태어난 인간에게 비로소 어떤 목적이 생겨난 것이었다. 처음부터 객관적인 목적을 만들고, 그것을 인간에게 갖다 붙이는 것은 그 인간의 자유로운 활동을 이미 태어날 때부터 빼앗는 것과 다름없다. 그렇기 때문에 인간의 목적은 태어난 본인이 본인 스스로 만든 것이어야만 한다. 하지만 어느 누구도 그것을 마음대로 만들 수 없다. 자기 존재의 목적은 자기 존재의 경험이, 이미 그것을 세상에 발표해버린 것이나 마찬가지이기 때문이다.

그 후

다수에 기대어 한 사람을 무시하지 마라. 자신의 무기력함을 온 세상에 떠벌리는 것과 다름없다. 이런 자는 인간 찌꺼기와 같다. 두부 찌꺼기는 말이 먹지만, 인간 찌꺼기는 홋카이도 땅끝까지 가져가도 팔리지 않는다.

우견수칙

빈정거리지 마라. 모르는 것을 아는 척하거나, 말꼬리를 잡고 늘어지거나, 남을 조롱하거나 혹평하는 사람은 빈정거림을 떨쳐버리지 못해서 그러는 것이다. 인간뿐만 아니라 시(詩)나 하이카이의 경우에도 빈정거림이 담긴 것에 아름다움은 없다.

우견수칙

바보는 백 명이 모여도 바보다. 자기편이 많다고 해서 자신에게 지혜가 있다고 생각하는 것은 착각이다. 소는 소를 데려오고, 말은 말을 데려온다. 자기편이 많다는 것은 때로는 자신이 바보임을 증명하는 것이다.

우견수칙

함부로 남을 평가하지 마라. 그저, 이러이러한 사람이구나 하고 마음속으로 생각하는 것으로 충분하다. 입 밖으로 나간 말은 다시 주워 담으려고 해도 소용이 없다. 하물며 주워들은 소문 같은 빈약한 토대 위에 세워진 비평은 말할 것도 없다. 학문에 대해서는 섣불리 논쟁하지 말고, 공격받고 논파될 것을 걱정해야 할 것이다.

우견수칙

남을 굽히고 싶으면 먼저 스스로 굽혀라. 남을 죽이고 싶으면 먼저 스스로 죽어라.

남을 경멸하는 것은 자신을 경멸하는 것과 같다. 남을 무너뜨리려는 것은 자신을 무너뜨리려는 것과 같다.

우견수칙

선한 사람만 있다고 생각하지 마라. 화나는 일이 많다. 악한 사람만 있다고 생각하지 마라. 마음 편할 일이 없다.

사람을 숭배하지 마라. 사람을 경멸하지 마라.

태어나기 전을 생각하라. 죽은 후를 생각하라.

우견수칙

예전에 거북이에게서 들은 적이 있다. 고개를 내밀면 얻어맞는다. 어차피 얻어맞을 거라는 생각은 하면서도, 가능한 한 등껍질 속에 틀어박혀 있다. 얻어맞을 운명이 눈앞에 닥친 순간에도 한순간만이라도 고개를 옴츠린 채 있고 싶다.

우미인초

헛된 것을 헛되다고 알면서도 믿을 때는 그저 그 믿음만을 머릿속에 그리며, 움직이지 않고 가만히 있는 것이 상책이지만, 그렇게는 되지 않는 법이어서, 마음속의 바람과 실제가 일치하는지 아닌지 어떻게든 시험해보고 싶어진다. 시험해보면 실망할 게 분명한데도, 최후의 실망을 스스로 사실로 받아들이기 전까지는 용납할 수가 없는 것이다.

나는 고양이로소이다

인간은 자신이 곤란해지지 않을 범위 내에서, 될 수 있는 한 남에게 친절히 대해주고 싶은 법이다.

산시로

해마다 대학생들의 의기가 이상하게 쇠퇴하여 속된 쪽으로 나아가는 것 같네. 대학은 월급쟁이를 만들어내면서 그걸로 우쭐대는 곳 같이 느껴지네. 월급은 필요한 것이지만 월급 말고는 아무것도 없이 어슬렁어슬렁 매년 도쿄대학을 졸업하는 것은 교수라는 이름의 명예뿐인 것 같네. 그들은 그걸 자랑스러워하지. 나는 얼마 전 헤겔이 베를린대학에서 개강했을 때의 일을 책에서 읽고 크게 감탄했네. 그의 안중에는 오직 진리뿐으로, 학생들 또한 진리를 목적으로 강의를 듣네. 월급을 목표로 하지도 않고 권세가의 딸과 결혼하겠다는 생각으로 강의를 듣는 사람은 없는 것 같네.

서간

사물의 내용을 다 알고 있는 사람, 내용 속에 살고 있는 사람은 형식에 그다지 구애받지 않고, 또한 무리한 형식을 좋아하지 않는 경향이 있다. 하지만 문외한인 사람은 내용을 몰라도 어쨌든 형식만은 알고 싶어 하고, 형식이 사물을 나타내는 데 아무리 적당하지 않더라도 개의치 않고 일종의 지식으로 존중하게 된다.

내용과 형식

속인은 모르는 것을 아는 것처럼 떠들어대지만, 학자는 아는 것을 모르는 것처럼 설명한다. 대학 강의에서도 모르는 것을 떠들어대는 사람은 평판이 좋고, 아는 것을 설명하는 사람은 인망이 없는 것만 보아도 알 수 있다.

나는 고양이로소이다

학구열이 강한 사람은 만사를 연구하는 마음으로 보기 때문에 애정이 옅어지게 마련이다. 인정으로 사물을 보는 사람은 모든 것을 좋고 싫음 둘로 나눈다. 연구하는 마음 같은 건 생기지 않는 법이다.

산시로

깨달음의 늦고 빠름은 온전히 그 사람의 성질이어서, 그것만으로는 우열을 가릴 수 없습니다. 깨달음으로 쉽게 들어간다 해도 나중에 가로막혀 움직일 수 없는 사람도 있고, 처음에는 시간이 오래 걸렸지만 끝내는 아주 통쾌하게 깨닫게 되는 사람도 있습니다. 절대로 실망할 것은 없습니다. 그저 열심히 하는 것이 중요합니다.

문

인간의 처지나 지위가 크게 차이 난다고 해봐야 대단한 건 아니야. 진지하게 말하면, 열이면 열 다들 거의 같은 경험을 다른 형식으로 반복하고 있는 거야. 좀 더 분명하게 말하면, 나는 나이고, 나에게 가장 절실한 눈으로 그것을 보고, 자네는 또 자네이고, 자네에게 가장 적당한 눈으로 그것을 본다, 대충 그 정도의 차이가 아닐까.

명암

인간의 성실함은 머리를 숙이는 시간과 정비례하는 법이다.

우미인초

나는 나의 허물을 안다. 나의 죄는 언제나 내 앞에 있다.

산시로

나는 죽은 신보다 살아 있는 인간 쪽이 좋다.

행인

기차가 없는 시절의 일이었다. 산의 남자와 바다의 남자가 말싸움을 벌였다. 산의 남자가 생선은 짜다고 말한다. 바다의 남자는 생선이 짤 리가 있나 하고 말한다. 싸움은 언제까지고 진정되지 않았다. 교육이라는 이름의 기차가 놓여, 이성(理性)의 계단을 자유롭게 오르내릴 방편이 생기지 않으면, 서로의 생각은 서로에게 이해되지 않는다.

우미인초

좋고 싫음은 어떤 의미에서 인간의 일부가 아니라 인간의 전체다. 옳고 그름을 운운하며 그것을 좌지우지해서는 안 된다.

문학론

모든 일은 사실로 증명되기 전에는 진실이라고 할 수 없네. 내가 어느 정도의 인간이고 어떤 일을 할 수 있는지는 내가 죽고 나서야 비로소 증명되는 것이네.

서간

남이 나에게 적절한 의무를 다해주는 것은 물론 고마운 일이다. 그러나 의무란 주어진 일에 충실하다는 의미일 뿐, 인간을 상대로 하는 말이 아니다. 따라서 나는 의무의 결과를 받아들이고 그것을 고맙게는 여기지만, 나에게 의무를 다했다고 상대방에게 감사하는 마음이 생기기는 어렵다.

하지만 그것이 만약 호의라면, 상대방의 행동 하나하나가 나를 목적으로 움직이기 때문에 그 움직임 하나하나가 살아 있는 나에게 반응한다. 거기에는 서로를 잇는 따스한 끈이 있기에 기계적인 세상도 미덥게 느껴지게 된다. 전차를 타고 한 구역을 눈 깜짝할 사이에 달리기보다는 사람의 등에 업혀 얕은 개울을 건너는 편이 더 정이 깊다.

생각나는 것들

인간은 자신만 생각해서는 안 된다. 세상도 있다. 국가도 있다. 조금은 남을 위해 뭔가를 하지 않으면 마음이 좋지 않은 법이다.

그 후

나는 악한 사람을 믿고 싶지 않다. 또한 선한 사람에게 조금의 상처도 주고 싶지 않다. 그리고 내 앞에 나타나는 사람이 전부 다 악인은 아니지만 또 모두가 선인이라고도 생각하지 않는다.

그렇다면 내 태도도 상대방에 따라 이리저리 변하지 않으면 안 되는 것이다. 이런 변화는 누구에게나 필요하고 또 누구든 실행하고 있을 테지만, 과연 그것이 상대방에게 딱 들어맞아서 한 치의 실수도 없이, 미묘하고 특수한 줄위를 위태롭지 않게 걷고 있는 것일까. 나의 커다란 의문은 언제나 거기에 또아리를 틀고 있다.

유리문 안에서

결국 인간으로서 생존하기 위해서는 인간에게 미움을 받는다는 운명에 이를 것이 틀림없다. 그럴 때 그는 차분히 남의 눈에 띄지 않는 차림새로, 거지처럼 무언가를 구하며 거리를 서성거릴 것이다.

그 후

적어도 윤리적으로 어느 정도의 수양을 쌓은 사람이 아니면 개성을 발전시킬 가치도 없고, 권력을 사용할 가치도 없으며, 또 금력을 사용할 가치도 없다는 것입니다. 그것을 또 한 번 바꿔 말하면, 이 세 가지를 자유롭게 누리기 위해서는 이 세 가지의 배후에 있어야 할 인격의 지배를 받아야 한다는 것입니다. 만약 인격이 없는 사람이 함부로 개성을 발전시키려고 한다면, 또 타인을 방해하고 권력을 이용하려고 한다면, 또 금력을 남용해서 사용하려고 한다면, 사회에 부패를 초래하게 됩니다. 상당히 위험한 현상이 나타나게 됩니다.

나의 개인주의

개성의 발전은 여러분의 행복과 중요한 관계가 있습니다. 그렇기 때문에, 타인에게 영향을 주지 않는 한, 나는 왼쪽을 향하고 너는 오른쪽을 향해도 지장이 없을 정도의 자유는, 자신도 가져야 하고 타인에게도 부여해야 한다고 생각합니다. 그것이 바로 제가 말하는 개인주의입니다.

나의 개인주의

한 사람의 인간은 인간 전체를 대표함과 동시에 그 한 사람을 대표한다. 시시한 말이지만 그렇다. 나는 이렇게 인간 전체의 대표자로서 서 있는 동시에 나 자신을 대표하여 서 있다. 나는 당신도 아니고 저기 저 사람도 아니다. 나는 나쓰메 소세키라는 한 개인을 대표하고 있다. 이때의 나는 일반적인 것이 아니라 특별한 것이다. 나는 나를 대표하고 있고, 나 이외의 어느 누구도 대표하고 있지 않다. 부모나 자식을 대표하는 것도 아니고, 오직 나 자신을 대표한다. 아니, 오로지 나 자신이다.

모방과 독립

사랑

도대체 한 사람의 남자가 한 사람 이상의 여자를 동시에 사랑할 수 있을까요?

명암

두 개의 사물이 동시에 동일한 공간을 점유할 수는 없다고 옛날의 어느 철학자가 말했다.

우미인초

사랑은 신앙에서 이루어진다. 신앙은 두 신을 품는 것을 허락하지 않는다.

우미인초

진정한 사랑은 신앙심과 다를 게 없다는 것을 굳게 믿고 있습니다.

마음

우리가 평생 동안 겪는 번민 중에서 가장 통절하고 가장 심각하고 또한 가장 극렬한 번민은 사랑 말고는 없을 거라고 생각합니다. 이렇게 크고 강한 위력을 가진 것이기 때문에 우리가 이 번민의 불꽃 속에 한번 들어가면 큰 변화를 일으키는 것입니다.

태풍

무릇 사랑은 우주적 활력이다. 위로는 하늘의 신 주피터로부터 아래로는 땅속의 지렁이, 땅강아지에 이르기까지, 이 길 위에서는 온몸이 초췌해지도록 열중하는 것이 만물의 법칙이다.

나는 고양이로소이다

심장의 문을 황금 망치로 때려 청춘의 술잔에 사랑의 핏물을 담는다. 마시지 않고 입을 돌려버리는 사람은 비정상이다.

우미인초

사랑에 성공하는 자는 반드시 자신이 선한 사람이라고 생각한다. 사랑에 실패하는 자 또한 반드시 자신이 선한 사람이라고 생각한다. 성패와 상관없이 사랑은 일직선이다. 오로지 사랑을 척도로 하여 만사를 재단한다.

성공한 사랑은 공감을 태우고 달리는 말이다. 실패한 사랑은 원한을 태우고 달리는 말이다. 사랑은 가장 제멋대로인 것이다.

태풍

사랑은 가장 진지한 유희이다. 유희이기 때문에 위급한 순간에는 반드시 모습을 감춘다. 사랑을 하며 노는 여유로운 사람은 더없이 행복하다.

태풍

사랑은 진지하다. 진지하기 때문에 깊다. 동시에 사랑은 유희이다. 유희이기 때문에 떠 있다. 깊고도 떠 있는 것은 물밑의 수초와 청년의 사랑이다.

태풍

사랑은 미혹이다. 또한 깨달음이다. 사랑은 세상 만물을 그 안으로 흡수하여 곧바로 이상한 생명을 부여한다. 그렇기에 미혹이다. 사랑의 눈길을 보낼 때, 이 넓은 세계는 온통 황금이다. 사랑의 마음에 비치는 우주는 깊은 정의 우주다. 그렇기에 사랑은 깨달음이다. 그렇지만 사랑의 공기를 호흡하는 자는 그것이 미혹인지 깨달음인지 알지 못한다. 그저 저절로 사람을 끌고, 또 사람에게 끌린다. 자연은 진공을 꺼리고, 사랑은 고립을 싫어한다.

태풍

사랑은 한편으로는 번민이 틀림없지만, 이 번민을 겪지 않으면 자신의 존재를 평생 깨달을 수 없습니다. 이 지옥에 발을 들인 사람이 아니면 결코 천국에 오를 수 없다고 생각합니다. 그저 낙천적이기만 해서는 소용이 없습니다. 사랑의 쓴맛을 맛보고 인생의 의미를 확인한 후의 낙천이 아니면 거짓입니다. 그렇기 때문에 사랑의 번민은 결코 다른 방법으로 해결되지 않습니다. 사랑을 해결하는 것은 사랑 말고는 없습니다. 사랑은 우리를 번민하게 하고, 또한 우리를 해탈하게 하는 것입니다.

태풍

아집을 부리며 사랑을 하는 것은 방화 두건을 뒤집어쓰고 단술을 마시는 것과 같다. 일이 진행되지 않는다. 사랑은 모든 것을 녹인다. 모서리가 각진 연(鳶)도 설탕으로 만든 것이라면 반드시 녹아내리는 법이다. 하지만 아집은 사랑의 물에 담가 사흘 밤낮을 불려도 흐물흐물해질 기색이 없다. 언제까지나 단단히 버티고 있다. 아집을 부리며 사랑하는 자는 각설탕이다.

태풍

사랑은 단단한 것을 꺼린다. 모든 강한 성질을 녹이고야 만다.

태풍

사랑은 자신에 대해 깊은 동정심을 품고 있다. 다만 동정이 너무도 깊기에 만족스러운 향락이 있을 때에만 자신을 넘어서 타인에게도 보통 이상의 동정심을 보낼 수 있다. 또한 동정이 너무도 깊기에 실연했을 때에도 자신을 넘어서 타인에게 보통 이상의 원한을 보낼 수 있다.

태풍

감상(鑑賞)은 신앙이다. 자기에게 만족하고, 그것 말고는 기다리는 것이 없다. 처음부터 침착하다. 사랑이다. 반하는 것이다.

감정(鑑定)은 연구다. 언제까지나 만족스럽지 않다. 여기저기 캐묻고 다니고 이리저리 들고 다녀도 끝내 마음을 놓지 못한다. 시기와 의심이다. 탐정이기 때문에 마음을 놓을 수가 없다.

일기 및 단상

사랑의 대상은 장난감이다. 신성한 장난감이다. 보통의 장난감은 주인이 갖고 노는 것만 가능하다. 사랑의 장난감은 서로가 서로를 갖고 노는 것을 원칙으로 한다.

우미인초

사랑은 편협을 싫어하고 독점을 미워한다. 사랑하는 두 사람 사이에 남아도는 정으로 널리 중생을 이롭게 한다.

태풍

내가 존재하려면 당신이 필요합니다. 무슨 일이 있어도 필요합니다.

그 후

나는 무슨 일이 있어도, 절대적으로 사랑받고 싶어요. 비교 따위는 처음부터 싫으니까.

명암

누구든 상관없어요. 그냥, 이 사람이다 하고 내가 마음먹은 사람을 사랑하는 거예요. 그리고 반드시 그 사람이 나를 사랑하게 만드는 거예요.

명암

그냥 사랑하는 거예요. 그리고 사랑하게 만드는 거예요. 그렇게만 하면 얼마든지 행복해질 수 있어요.

명암

운명은 둥근 연못을 만든다. 연못가를 도는 자는 어딘가에서 만나야만 한다. 만나고도 모르는 얼굴로 지나가는 사람은 운이 좋다. 인파로 북적이는 어두침침한 런던에서, 밤낮으로 만나려고 애쓴 보람도 없이, 눈을 크게 뜨고 다리가 붓도록 찾아 헤맨 사람이, 달랑 한 겹의 벽으로 가로막혀 옆집에서 그을린 하늘을 바라보고 있다. 그래도 만날 수가 없다. 평생 만날 수 없다. 뼈가 사리가 되어 무덤에 풀이 자랄 때까지 만날 수 없을지도 모른다, 라고 쓴 사람이 있다. 운명은 그리워하는 사람을 한 겹의 벽으로 영원히 떼어놓기도 하고, 또한 동시에 둥근 연못가에서 생각지도 못한 사람과 마주치게도 한다. 묘한 것은 서로가 연못가를 돌면서 가까워지고 있다는 것이다. 신비로운 실은 어둠의 밤을 꿰매어 잇는다.

우미인초

만나면 기쁘고, 만나지 못하면 슬프다. 기쁨과 슬픔의 근원에서, 구슬을 무색케 하는 눈물이 솟아난다. 그 맑은 존재에게, 왜 흘러나오느냐고 물으면 모른다고 답한다. 모른다는 것은 자연스럽다는 의미인가.

환영의 방패

꽃향기조차 무겁게 지나가는 으슥한 거리에, 서로를 부르는 남자와 여자의 모습이, 죽음의 밑바닥으로 가라앉는 봄의 그림자 위로 선명히 솟아오른다. 우주는 두 사람의 우주다. 약동하는 삼천 줄기의 혈관을 흐르는 젊은 피가 밀려오는 심장의 문은, 사랑으로 열리고 사랑으로 닫히며, 움직이지 않는 남녀를 커다란 하늘에 선명히 그려내고 있다. 두 사람의 운명은 이 위태로운 찰나에 결정된다. 동쪽이든 서쪽이든, 몸을 꼼짝하기라도 하면 그길로 끝이다. 부르는 것도 예삿일이 아니고, 불리는 것도 예삿일이 아니다. 삶과 죽음을 초월한 난관이 둘 사이에 놓여 있어 폭발물을 맞든 던지든, 움직이지 않는 두 사람의 몸은 두 개의 불덩어리다.

우미인초

비수 같은 사랑이 자줏빛인가요?"

"비수 같은 사랑이 자줏빛이 아니라 자줏빛의 사랑이 비수가 되는 겁니다."

"사랑을 자르면 자줏빛의 피가 나온다는 말인가요?"

"사랑이 노하면 비수가 자줏빛으로 번뜩인다는 말입니다."

우미인초

돌부처에게는 사랑이 없다. 사랑은 불가능한 것이라고 처음부터 각오하고 있기 때문이다. 사랑은 사랑받을 자격이 있다는 자신감에 근거하여 생긴다. 다만 사랑받을 자격이 있다고 자신하면서도, 사랑할 자격은 없다는 것을 알아차리지 못하는 사람이 있다. 이 두 자격은 대부분의 경우 반비례한다. 사랑받을 자격을 거리낌 없이 내세우는 사람은 상대방에게 어떠한 희생이라도 강요한다. 상대를 사랑할 자격을 갖추지 못했기 때문이다. 갈망하는 아름다운 눈에 영혼을 내던지는 사람은 반드시 잡아먹힌다.

우미인초

남자는 여자를, 여자는 남자를 원한다. 그리고 그것을 찾아냈을 때, 서로에게 불만족을 느낀다. 자신에게 필요하지만 갖고 있지 않은 것을 남에게서 찾으려 하기 때문에 서로에게 요구하는 것이다. 또한 동시에, 자신에게 없고 남에게 있는 것은 원래 자신과 성질이 다르기 때문에 충돌을 느끼는 것이다.

일기 및 단상

나는 나를 거부하는 여자를 억지로 안는 기쁨보다는, 상대방의 사랑을 자유로운 들판에 풀어주었을 때의 남자다운 기분으로, 내 실연의 상흔을 쓸쓸히 바라보는 편이 양심에 얼마나 더 큰 만족감을 주는지 모른다.

춘분 지나고까지

허영은 사랑의 가면을 쓴다. 사랑을 깨뜨려 부수면, 금방 알 수 있다.

일기 및 단상

고금 이래로 사랑을 이루게 만든 공로의 대부분은 단순한 외모다.

문학 평론

자신이 깊이 사랑하는 사람이나 물건이 있으면, 자신의 일상적인 행동이나 언어 속에 그 사람이나 물건을 은연중에 비추고 싶어 한다.

문학 평론

히나코가 살아 있을 때는 다른 아이보다 소중하다는 생각이 들지 않았다. 죽고 나니 가장 사랑스럽게 여겨진다. 길에서 걷고 있는 어린아이를 보면 '이 아이는 이렇게 건강하게 놀고 있는데 내 아이는 어째서 살아 있지 않은 걸까' 하는 의문이 든다.

내 위장에는 금이 갔다. 내 정신에도 금이 간 것 같은 기분이 든다. 뭘 어찌해도 회복할 수 없는 슬픔이 그 아이를 떠올릴 때마다 생기기 때문이다.

아이는 또 낳으면 되지 않느냐고 말하는 사람이 있다. 히나코와 똑같은 아이가 태어난다 해도 똑같이 여한이 남을 것이다. 사랑은 개별적인 것이다. 누군가를 향한 사랑은 그보다 더 나은 사람이 있다고 해도 옮겨갈 수가 없는 것이다.

일기 및 단상

내 머릿속에는 지금까지 상상조차 못 했던 이성의 향기가 새롭게 들어왔습니다. 그때부터 나는 마루 정면에 꽂혀 있는 꽃이 싫지 않게 되었습니다. 같은 마루에 세워져 있는 거문고도 거슬리지 않게 되었습니다.

마음

늘 가까이하며 너무 친해진 남녀 사이에는, 사랑에 필요한 자극이 일어나는 신선한 느낌이 사라지는 것 같습니다. 향을 맡을 수 있는 것은 향을 피워 올리는 그 순간뿐인 것처럼, 술맛을 느끼는 것은 술을 마시기 시작한 찰나인 것처럼, 사랑의 충동에도 그런 아슬아슬한 한 점이 시간 위에 존재하고 있다는 생각이 듭니다. 한번 그곳을 아무렇지 않게 지나치면, 익숙해질수록 친밀감만 더해질 뿐, 사랑의 신경은 점점 무뎌지기만 할 뿐입니다.

마음

후지오는 자신을 위한 사랑은 이해하지만, 남을 위한 사랑이 존재할 수 있는지는 생각조차 해본 적이 없다. 시적인 풍취는 있지만, 도의는 없다.

우미인초

질투는 사랑의 또 다른 면이 아닐까요. 나는 결혼하고 나서 이 감정이 점점 흐려지는 것을 자각했습니다. 그 대신 애정 또한 결코 처음처럼 맹렬하지는 않습니다.

마음

그저 남편이라는 이름이 붙었다는 이유만으로 그 사람을 존중해야 한다고 강요한다 해도 나는 그럴 수 없어요. 만약 존중받고 싶으면 존중받을 만큼의 실질을 가진 인간이 돼서 내 앞에 나타나는 게 좋을 거예요. 남편이라는 직함 따위는 없어도 상관없으니까요.

한눈팔기

도둑이든 사기꾼이든 뭐든 상관없어요. 그냥 아내를 아껴주면 그걸로 충분해요. 아무리 잘난 남자든, 대단한 사람이든, 집에서 다정하지 않으면 나한텐 아무것도 아니에요.

한눈팔기

부부는 사이가 좋은 것이 원칙이고, 사이가 좋지 않은 것이 일반적이네. 자네 부부가 사이가 좋다면 원칙에 부합하는 것이고 사이가 좋지 않다면 일반적인 것이지. 어느 쪽이 됐든 겉으로 보기에 나쁜 건 아니네.

서간

모든 부부는 새로워야만 한다. 새로운 부부는 아름다워야만 한다. 새롭고 아름다운 부부는 행복해야만 한다.

태풍

인간은 물건이 아니기에 누구도 마음까지 소유할 수는 없다. 본인 이외에 어느 누구도 애정의 증감이나 방향을 명령할 수는 없다. 남편의 권리는 거기까지는 미치지 않는다. 그렇기 때문에 아내의 사랑이 다른 곳으로 옮겨가지 않도록 하는 것은 오히려 남편의 의무일 것이다.

그 후

인간이 만든 부부라는 관계보다도 자연이 빚어낸 연애가 사실은 더 신성하기 때문에, 시간이 흘러가면서 좁은 사회가 만든 답답한 도덕을 벗어던지고 거대한 자연의 법칙을 찬미하는 목소리만이 우리의 귀를 자극하며 남은 게 아닐까.

행인

사랑의 만족을 경험한 사람은 더 따뜻한 목소리를 내는 법입니다.

마음

신성한 사랑은 글을 넘어서고 말을 넘어선다.

일기 및 단상

사랑이라는 이름이 붙으면 천 리 길도 간다. 이십 리는 말할 것도 없다.

환영의 방패

사랑은 모든 죄악을 잉태한다.

우미인초

사랑은 죄악입니다, 아시겠습니까? 그리고 신성한 것입니다.

마음

세상

이지(理智)로 행동하면 모가 난다. 감정에 이끌리면 휩쓸려간다. 고집을 부리면 갑갑해진다. 어쨌든 인간 세상은 살기 어렵다.

살기가 어려워지면, 살기 쉬운 데로 옮기고 싶어진다. 어디로 옮겨도 살기 어렵다는 것을 깨달았을 때, 시가 태어나고 그림이 생겨난다.

인간 세상을 만든 것은 신도 아니고 귀신도 아니다. 역시 건너편 이웃집에 들락날락하는 보통 사람이다. 보통 사람이 만든 인간 세상이 살기 어렵다 한들, 옮겨 살 만한 나라는 없을 것이다. 있다면 인간이 아닌 것들의 나라로 갈 뿐이다. 인간이 아닌 것들의 나라는 인간 세상보다 더 살기 어려울 것이다.

풀베개

괴로워하고, 화내고, 떠들고, 우는 것은 인간 세상에 늘 따라다니는 것이다.

풀베개

생각해 보면 세상 사람들은 대부분 악해지는 것을 장려하고 있는 것 같다. 악해지지 않으면 사회에서 성공하지 못한다고 믿는 것 같다. 어쩌다 정직하고 순수한 사람을 보면 도련님이라는 둥 애송이라는 둥 트집을 잡아 경멸한다. 그렇다면 소학교나 중학교에서 거짓말하지 마라, 정직해라, 하고 윤리 선생이 가르치지 않는 편이 낫다. 차라리 작정하고 학교에서 거짓말하는 법이라든가 사람을 믿지 않는 재주, 남을 이용하는 방법을 가르치는 편이 세상을 위해서도 본인을 위해서도 도움이 될 것이다.

도련님

단순함과 진솔함을 비웃는 세상이라면 어찌할 도리가 없다.

도련님

세상은 온통 결함뿐이다. 우울과 근심과 궁핍과 고민뿐이다. 오로지 미래가 있어 밝은 빛 한줄기를 어두운 세상으로 끌어당긴다. 미래가 있는 자는 평온하다.

일기 및 단상

거짓말은 복국이다. 그 자리에서 탈만 나지 않으면 그보다 맛있는 게 없다. 하지만 중독되면 끝장으로 괴로운 피까지 토해내야 한다. 게다가 거짓말은 진실을 끌어당긴다. 가만히 있으면 들키지 않고 넘어갈 방법이 있는데도, 감추려고 몸을 고치고, 이름을 고치고, 끝내는 천성까지 고치다 보면 의심의 화살은 어김없이 과녁을 맞히기 쉽다. 애초에 고친 곳은 터지게 되어 있다. 터진 자리 밑에서 추한 정체가, 그것 봐라, 하고 나타날 때, 몸에 슨 녹은 평생 씻기지 않는다.

우미인초

대부분 큰 사건 전에는 반드시 작은 사건이 일어나는 법이다. 큰 사건만을 말하고 작은 사건을 피하는 것은 예로부터 역사가들이 늘 저지르는 잘못이다.

나는 고양이로소이다

냄새가 나서 뚜껑을 치우니 거름통이듯, 근사한 형식을 벗겨내면 대개는 치부가 드러나는 건 뻔히 아는 것이다.

산시로

재미없는 세상에 이따금 재미있는 일이 있다고 생각해야 하네. 재미있는 세상에 재미없는 일이 있다고 생각하니까 괴로운 법이야. 평생에 유쾌한 일은 모래 속에 섞인 금가루만큼이나 매우 적다네.

서간

2 더하기 2가 4가 되는 것은 지금 세상의 논리 법칙이다. 옛날에는 그렇게 딱딱 맞아떨어지지 않았다. 맞아떨어지지 않는 데에 재미가 있었다. 뭐든 앞이 보이지 않는다는 것은 위로가 되는 법이다.

일기 및 단상

무슨 일이든 위에는 또 위가 있는 법이다. 이게 끝이구나, 막바지구나 하며 안심하고 덤비다가는 어처구니없는 일을 당한다.

갱부

현대인은 사실을 좋아하지만, 사실에 수반되는 정서는 잘라 버리는 습관이 있다. 잘라 버리지 않으면 안 될 만큼 세상이 절박하기 때문에 어쩔 수가 없다. 그 증거로는 신문을 보면 잘 알 수 있다. 신문 사회면 기사의 열에 아홉은 비극이다. 하지만 우리는 이 비극을 비극으로 느낄 여유가 없다. 그저 사실의 보도로 읽을 뿐이다.

산시로

신문 따위는 무턱대고 거짓을 내뱉기 마련이다. 세상에서 제일 허풍을 떠는 게 뭐냐고 한다면, 신문만큼 허풍쟁이는 없을 것이다.

도련님

신문에 실린 일은 그것이 거짓이든 진짜든, 어떻게 할 수 없는 법이다. 단념하는 수밖에 달리 방법이 없다.

도련님

남을 사람으로 생각하지 않는 자는 두려운 것이 없다. 남을 사람으로 생각하지 않는 자가, 자신을 사람으로 생각해주지 않는 세상에 분노해서는 안 된다. 권력과 부귀를 누리는 자는 남을 사람으로 생각하지 않음으로써 득을 보는 것이다. 그런데 남이 자신을 사람으로 생각해주지 않을 때는 갑자기 얼굴을 붉히며 화를 낸다.

내가 남을 사람으로 생각하는데, 남이 나를 사람으로 생각하지 않을 때, 불평꾼이 느닷없이 하늘에서 내려온다. 이 느닷없는 행동을 이름 붙여 혁명이라고 한다. 그러니 혁명은 불평꾼이 만든 것이 아니다. 권력과 부귀를 누리는 자가 기꺼이 만들어낸 것이다.

나는 고양이로소이다

승자는 반드시 패자로 끝나는 법입니다. 특히 돈이나 위력의 승자는 반드시 심리적인 패자로 귀결되는 것이 진화의 법칙이라고 생각합니다.

서간

문명은 온갖 수단을 다하여 개성을 발달시킨 후, 온갖 방법을 써서 그 개성을 짓밟으려고 한다. 한 사람 앞에 몇 평의 땅을 주고, 그 땅 안에서는 잠이 들든 깨어 있든 마음대로 하라는 것이 지금의 문명이다. 동시에 그 몇 평의 땅 주변에 철책을 치고, 그 너머로는 한 발짝도 나가면 안 된다고 위협을 하는 것이 지금의 문명이다. 몇 평의 땅 안에서 마음껏 자유를 누리던 사람이, 철책 밖에서도 마음껏 자유를 누리고 싶어 하는 것은 자연스러운 기세다. 가련한 문명의 국민은 밤낮으로 이 철책을 물고 늘어지며 으르렁거리고 있다. 문명은 개인에게 자유를 주어 호랑이처럼 날뛰게 한 다음, 그를 우리안에 던져 넣어 세상의 평화를 유지하고 있다. 이런 평화는 진정한 평화가 아니다. 동물원의 호랑이가 구경꾼을 노려보며 뒹굴고 있는 것과 같은 평화다. 우리의 창살이 하나라도 빠진다면, 세상은 엉망이 된다.

풀베개

입에 풀칠을 하려고 온몸이 녹초가 되고 머리는 텅텅 비게 되는 것이 20세기의 일상이네.

서간

개미는 단 것에 모이고, 사람은 새로운 것에 모인다. 문명의 백성은 극렬한 생존 속에서 무료함을 한탄한다. 선 채로 밥을 먹을 정도의 바쁨을 견디고 길바닥에서 정신을 잃을 병을 얻을까 염려한다. 삶을 마음대로 맡겨두고, 마음대로 죽음을 탐하는 것이 문명의 백성이다. 문명의 백성만큼 자신의 활동을 자랑하는 자도 없고, 문명의 백성만큼 자신의 침체에 괴로워하는 자도 없다. 문명은 사람의 신경을 면도칼로 깎아내어 사람의 정신을 절굿공이처럼 무디게 만든다.

우미인초

발이 멈추면, 싫증이 날 때까지 그곳에 멈춰 선다. 멈춰 설 수 있는 사람은 행복한 사람이다. 도쿄에서 그랬다가는 바로 전차에 치여 죽는다. 전차가 죽이지 않으면, 순사가 내쫓는다. 도시는 태평한 백성을 거지로 착각하고, 소매치기 두목 같은 탐정에게 많은 월급을 주는 곳이다.

풀베개

문명이 진보함에 따라 살벌한 기운은 사라진다는 둥 개인과 개인의 교제가 온화해진다는 둥 말을 하지만 큰 착각이야. 이렇게 자의식이 강해서야 도저히 온화해질 리가 없지. 그야 얼핏 보면 지극히 조용하고 아무 일도 없는 것 같지만, 서로의 관계는 대단히 괴로워. 마치 모래판 한가운데서 스모 선수 둘이 샅바를 잡은 채 꼼짝도 하지 않는 것과 같아. 옆에 있으면 더없이 평온해 보이지만 정작 당사자들의 뱃살은 물결을 치고 있지.

나는 고양이로소이다

인간의 불안은 과학의 발전에서 온다. 스스로 멈출 줄 모르는 과학은 일찍이 우리에게 멈추는 것을 허락해준 적이 없다. 걷기에서 인력거, 인력거에서 마차, 마차에서 기차, 기차에서 자동차, 그리고 비행선, 그리고 비행기로, 어디까지 가도 쉬게 해주지 않는다. 어디까지 끌려갈지 알 수 없다. 참으로 두렵다.

행인

기차만큼 20세기 문명을 대표하는 것은 없을 것이다. 수백 명의 인간을 똑같은 상자 안에 채워 넣고 굉음을 울리며 지나간다. 인정사정없다. 상자에 채워진 인간은 모두 똑같은 속력으로, 똑같은 정거장에 멈추며, 똑같이 증기의 은혜를 입어야 한다. 사람들은 기차를 탄다고 말한다. 나는 실린다고 말한다. 사람들은 기차로 간다고 말한다. 나는 운반된다고 말한다.

풀베개

나는 기차가 맹렬히, 분별없이, 모든 사람을 화물과 다름없이 여기며 달리는 모습을 볼 때마다, 객차 안에 갇혀 있는 개인과, 개인의 개성에 털끝만큼도 주의를 기울이지 않는 이 기차를 비교하며, 위험해, 위험해, 조심하지 않으면 위험해, 하고 생각을 한다. 현대 문명은 이런 위험이 코를 찌를 정도로 가득하다. 캄캄한 어둠 속에서 함부로 날뛰는 기차는 위험한 표본 중의 하나다.

풀베개

종족을 보존하기 위해서는 개개의 멸망을 신경 쓰지 않는 것이 진화론의 원칙이다. 학자의 예증에 따르면, 대구 한 마리가 매년 낳는 알의 수는 백만 개라고 한다. 굴은 이백만 개에 이른다고 한다. 그중에서 생장하는 것은 고작 몇 마리에 지나지 않으니, 자연은 경제적으로는 심한 낭비꾼이고, 도의적으로는 무서우리만큼 잔혹한 부모다. 인간의 생사도 인간을 본위로 하는 우리 쪽에서 보면 대사건임에 틀림없지만, 잠시 입장을 바꾸어 자신이 자연이 되었다는 심정으로 관찰하면, 그저 지당한 흐름일 뿐 거기에 기뻐하고 슬퍼할 이유는 조금도 없을 것이다.

이렇게 생각했을 때, 나는 너무나 쓸쓸해졌다. 또한 너무나 시시해졌다.

생각나는 것들

현대 사회는 고립된 인간의 집합체일 뿐이었다. 대지는 자연스럽게 이어져 있지만, 그 위에 집을 짓자마자 금세 조각조각 나뉘어져버렸다. 집 안에 있는 인간 또한 조각조각 단절되어버렸다. 문명은 우리를 고립시키는 것이다.

그 후

옛날 사람은 자기를 잊으라고 가르쳤다. 요즘 사람은 자기를 잊지 말라고 가르치니 완전히 다르다. 하루 종일 자기라고 하는 의식으로 가득 차 있다. 그렇기 때문에 하루 종일 태평할 때가 없다. 늘 초열지옥이다. 이 세상에서 무엇이 약이냐 한다면 자기를 잊는 것보다 더 좋은 약은 없다.

도련님

세상을 살아가면 사물의 이치를 알게 된다. 알게 되는 것은 기쁘지만 하루하루 위험이 많아져 하루하루 방심할 수 없게 된다. 교활해지는 것도, 비열해지는 것도, 두 겹으로 만든 호신용 옷을 입는 것도 다 이치를 알게 된 결과로, 이치를 알게 되는 것은 나이를 먹는 죗값이다.

나는 고양이로소이다

자기 자신이 무서운 악당이라는 사실을 뼈저리게 느끼지 못한 사람이라면 세상 경험을 겪은 사람이라고 할 수 없다.

나는 고양이로소이다

지금은 개성 중심의 세상이다. 일가를 가장이 대표하고, 일군(一郡)을 대관(代官)이 대표하고, 일국을 영주가 대표하던 시절에는 대표자 이외의 인간에게는 인격이 전혀 없었다. 있다고 해도 인정받지 못했다. 그것이 완전히 뒤바뀌어, 모든 생존자가 너도나도 개성을 주장하기 시작하고, 누구를 봐도 너는 너, 나는 나라고 말하게 된다. 두 사람이 길에서 마주치면, 네놈이 인간이면 나도 인간이야, 하고 속으로 싸움을 걸면서 지나간다. 그만큼 개인이 강해졌다. 개인이 평등하게 강해졌다면, 개인이 평등하게 약해진 셈이 된다. 남이 나를 해치기 어려워졌다는 점에서는 내가 강해진 것이 분명하지만, 함부로 남에게 손을 댈 수 없게 되었다는 점에서는 옛날보다 약해진 것일 테다. 강해지는 것은 기쁘지만 약해지는 것은 누구도 달가워하지 않기 때문에, 남에게 털끝만큼도 침범받지 않으려고 끝까지 강한 면을 고수하는 동시에, 조금이라도 남을 침해하려고 약한 곳은 억지로라도 넓히고 싶어진다. 이렇게 되면 사람과 사람 사이에 공간이 없어져 살아 있는 게 답답해진다.

나는 고양이로소이다

처음부터 술에 취한 기분으로 한 짓이 아니라 어쩔 수 없는 사정으로 어쩔 수 없이 죄를 범했지만, 사회는 냉혹한 법이야. 내부의 죄는 얼마든지 용서해주지만, 겉으로 드러난 죄는 절대로 봐주지 않아.

갱부

가난할 때는 가난에 얽매이고, 부유할 때는 부에 얽매이고, 근심이 있을 때는 근심에 얽매이고, 기쁠 때는 기쁨에 얽매인다. 재주가 뛰어난 자는 재주로 인해 쓰러지고, 지혜가 있는 자는 지혜로 인해 패한다.

나는 고양이로소이다

인력거꾼이든 매춘부든 도둑이든, 내가 고맙다고 생각하는 순간의 얼굴, 그게 바로 내게 신이 아닐까? 산이든 강이든 바다든 내가 숭고하다고 느끼는 순간의 자연, 그게 바로 신이 아닐까. 그 밖에 달리 또 신이 있을까?

행인

지금의 청년은 펜을 들어도, 입을 열어도, 몸을 움직여도, 하나부터 열까지 '자기 주장'을 근본 의의로 생각한다. 그만큼 세상은 바짝 조여 있다. 그만큼 세상은 지금의 청년을 학대하고 있다. '자기 주장'을 곧이곧대로 들으면 밉살스러운 말이 많다. 하지만 그들이 그렇게 거리낌 없이 '자기 주장'을 하도록 몰아붙인 것은 바로 지금의 세상이다. 특히 지금의 경제 사정이다. '자기 주장'의 이면에는 목을 매거나 투신자살을 할 정도의 비참한 번민이 숨겨져 있다.

생각나는 것들

현대의 청년에게 이상은 없다. 과거에도 이상이 없었고 현재도 이상이 없다. 가정에서는 부모를 이상으로 삼을 수 없다. 학교에서는 교사를 이상으로 삼을 수 없다. 사회에서는 신사를 이상으로 삼을 수 없다. 사실상 그들에게는 이상이 없는 것이다. 청년들은 부모를 경멸하고 교사를 경멸하고 선배를 경멸하고 신사를 경멸한다. 이들을 경멸할 수 있는 것은 훌륭한 것이다. 다만 경멸할 수 있는 자는 자기에게 자기의 이상이 있어야 한다. 자기에게 아무런 이상도 없이 그들을 경멸하는 것은 타락이다.

일기 및 단상

돈에 머리를 숙여도 좋다. 하지만 부자에게 그래서는 안 된다. 의사에게 머리를 숙일 줄은 알면서, 취미나 취향, 기품이나 인품에 관해 학문이 있고 고상한 이치를 아는 사람에게 머리를 숙일 줄은 모른다. 그뿐만 아니라 오히려 돈의 힘으로 그들의 머리를 숙이려고 한다.

태풍

25엔을 얻어 품속이 따뜻해진다면 좋은 일이네. 하지만 25엔의 돈을 보고 꿈만 같다는 둥 말하는 것은 대단히 가벼운 생각이네. 돈을 얻어서 기쁘게 쓰는 건 당연하네. 하지만 돈을 얻었다고 놀라서 기쁜 꿈을 꾸는 것 같다면 돈에 중독된 것이네. 그런 마음가짐이라면 돈만 보면 뭐든지 하게 되는 법이네.

서간

돈을 쓰고 5엔이 남으면 맛있는 걸 먹고 열심히 운동해서 앞으로 세상과 싸울 준비를 해 두게.

서간

자신이 만들지도 않은 것을 자신의 소유로 정하는 법은 없을 것이다. 자신의 소유로 정해도 상관은 없겠지만 남의 출입을 막을 이유는 없다. 이 망망한 대지에 빈틈없이 울타리를 치고 말뚝을 세워 누구누구의 소유지라고 줄을 긋는 넣는 것은 마치 푸른 하늘에 새끼줄을 치고 이 부분은 내 하늘, 저 부분은 그 사람의 하늘이라고 신고하는 것과 같다. 만약 땅을 잘라서 한 평쯤의 소유권을 사고판다면, 우리가 호흡하는 공기를 한 자 길이의 입방체로 잘라서 사고파는 것도 될 것이다. 공기를 잘라서 팔 수 없고 하늘을 새끼줄로 나누는 것이 부당하다면 땅의 사유(私有)도 불합리한 것이 아닐까.

나는 고양이로소이다

요즘 사람들은 어떻게 하면 자신에게 이익이 될지 손해가 될지 자나 깨나 생각하기 때문에 탐정이나 도둑처럼 자의식이 강해져야만 한다. 하루 온종일 두리번두리번, 소곤소곤하며 무덤에 들어갈 때까지 한순간도 마음 놓을 수 없는 것이 지금 사람의 마음이다. 문명의 저주다.

나는 고양이로소이다

신을 두려워하는 주제에 인간을 두려워하지 않는다.

지금 세상의 돈 많은 상인이나 대부호라는 사람은 늘 두려워한다. 무엇을 두려워하는가 하면 돈과 권력을 잃는 것을 두려워한다. 돈은 무엇 때문에 잃는가. 권력은 무엇 때문에 잃는가. 그들이 돈과 권력을 잃게 되는 것은 무엇 때문일까. 사람 때문이다. 돈과 권력을 잃는 것을 두려워하면서 사람은 두려워하지 않는 것은, 몸이 젖는 것은 두려워하면서 비를 두려워하지 않는 것과 같다.

일기 및 단상

돈만 있으면 뭐든 자기 마음이라는 식의 표정을 짓는 놈에게는 맞받아쳐서 골탕을 먹여야 한다. 저 혼자 일본을 짊어지고 있는 것처럼 구는 정치가에게는 민간에서 토론을 크게 벌여 놀라게 해줘야 한다. 세상의 학자는 저 혼자뿐인 듯이 말하는 자에게는 어려운 질문을 던져 혼을 내주는 게 좋다. 자기가 일본에서 제일 힘센 사람이라고 하는 자는 가랑이를 들어 올려 패대기를 쳐야 한다.

일기 및 단상

금의 색은 순수하고 진하다. 부귀를 사랑하는 자는 반드시 이 색을 좋아한다. 영예를 갈망하는 자는 반드시 이 색을 선택한다. 명성을 얻은 자는 반드시 이 색으로 장식한다. 자석이 철을 끌어당기듯, 이 색은 모든 검은 머리를 끌어당긴다. 이 색 앞에 엎드리지 않는 자는 탄력 없는 고무다. 한 인간으로서 세상에 통용될 수 없다.

우미인초

아무리 여유가 있다 해도, 부자들과 어울린다 해도, 아무리 자부심이 강하다 해도, 실전에서 패배하면 그걸로 끝이겠지. 그러니까 내가 조금 전부터 말하는 거야. 진짜 땅을 밟으며 단련하지 않은 사람은 목각 인형이나 마찬가지라고.

명암

나는 학창 시절부터 실업가라면 질색이었다. 돈만 벌 수 있으면 뭐든지 하는 사람이다.

나는 고양이로소이다

은행가는 매일 남의 돈을 다루다 보면 남의 돈이 자기 돈처럼 보인다고 한다. 관리는 백성의 심부름꾼이다. 일을 처리하기 위해 어떤 권한을 위탁받은 대리인 같은 것이다. 그런데 위임받은 권력을 빙자해 으스대며 매일 사무를 처리하다 보면, 그것이 자신이 소유한 권력이고 백성들은 거기에 대해 참견할 이유가 없다며 미쳐 날뛴다.

나는 고양이로소이다

방심할 때 남의 품속을 빼내는 것이 소매치기이고, 방심할 때 남의 가슴속을 낚는 것이 탐정이다. 어느 틈에 덧문을 열고 남의 소지품을 훔치는 것이 도둑이고, 어느 틈에 입을 놀려 남의 마음을 읽는 것이 탐정이다. 방바닥에 칼을 꽂으며 무리하게 남의 돈을 착복하는 것이 강도이고, 협박문을 마구 늘어놓으며 남의 의지를 강요하는 것이 탐정이다. 그렇기 때문에 탐정이라는 자는 소매치기, 도둑, 강도의 일족으로, 도저히 상종할 수 없는 사람이다.

나는 고양이로소이다

돈으로 값어치가 정해진 사람은 돈 이외의 일에서는 융통성이 없습니다. 돈은 어떤 의미에서 보면 귀중할지도 모릅니다. 그들은 그 귀중한 것을 갖고 있기 때문에 세상의 존경을 받습니다. 그건 좋습니다. 거기까지는 아무도 이의가 없습니다. 하지만 돈 이외의 영역이라면 그들은 영향력을 펼칠 수 있는 사람이 아닙니다. 돈 이외의 표준으로 사회의 지위를 얻은 사람들의 동료가 될 수는 없습니다. 만약 그럴 수 있다고 한다면 학자도 부자의 영역에 끼어들어 금전 위주의 영역에서 잘난 체해도 된다는 말이 됩니다. 하지만 그들이 그렇게 하도록 놔두지는 않습니다. 그런데 그들은 자신의 영역 안에서 얌전히 지내지 못하고 다른 영역에까지 설치며 끼어들려고 합니다. 그것이야말로 사리를 모른다는 좋은 증거입니다.

태풍

부모에게서 재산을 물려받은 사람은 아무래도 고유의 재능과 역량이 부족하다. 다시 말해, 세상과 싸울 필요가 없으니까 안 되는 것이다.

마음

돈은 노력의 보수입니다. 그렇기 때문에 노력을 더하면 돈은 더 벌 수 있습니다. 여기까지는 세상도 공평합니다. (아니, 그것조차 불공평할 때가 있습니다. 투기꾼 같은 인간은 노력 없이 돈을 그러모으고 있지요) 하지만 한 발 나아가 생각해보는 게 좋습니다. 고등한 노력에 고등한 보수가 따라올까요? ― 여러분은 어떻게 생각합니까? ― 대답이 없으니 설명해야겠군요. 보수라는 건 눈앞의 이해관계에 가장 많은 영향을 미치는 사정만으로 결정되는 것입니다. 그렇기 때문에 지금 세상에도 교사의 보수는 장사꾼보다 적습니다. 눈앞의 일보다 멀고 높은 곳에 노력을 소비하는 자는, 아무리 장래를 위하고, 나라를 위하고, 인류를 위한다 해도 보수는 점점 줄어듭니다. 그렇기 때문에 노력의 높고 낮음으로 보수의 많고 적음이 정해지지 않습니다. 금전의 분배는 그것으로 지배되지 않습니다. 따라서 꼭 돈이 있는 사람이 고상한 노력을 했다고는 할 수 없습니다. 바꿔 말하면, 돈이 있기 때문에 인간이 고상하다고는 할 수 없습니다. 돈을 기준으로 인간의 가치를 정할 수는 없습니다.

태풍

상인이 돈을 벌기 위해 돈을 사용하는 것은 그들의 전문이니 아무도 말참견할 수 없습니다. 그러나 그 힘을 장사에 쓰지 않고 인사(人事)에 쓰려고 할 때는, 사리를 아는 사람에게 물어야 합니다. 그렇게 하지 않으면 스스로 사회의 악을 만들고도 아무렇지도 않을 때가 있습니다. 지금의 부자들이 가진 돈의 일부분은 늘 이 목적을 위해 쓰이고 있습니다. 그것은 그들 자신이 돈의 주인일 뿐, 그 밖의 덕이나 예술의 주인은 아니기 때문입니다. 학자를 존경하는 것을 모르기 때문입니다. 아무리 가르쳐도 남의 말을 이해할 수 없기 때문입니다. 그 재앙은 반드시 자신에게 돌아옵니다. 그들에게는 반드시 학자와 문학가의 말에 귀를 기울여야 할 시기가 옵니다. 귀를 기울이지 않으면 사회적 지위를 유지할 수 없는 시기가 옵니다.

태풍

다들 돈을 원한다. 그리고 돈이 아닌 다른 것은 아무것도 원하지 않는다.

한눈팔기

동시대의 사람은 살아생전에는 위대했지만 금방 잊히는 사람과, 생전에는 그다지 권위나 문벌이 없었지만 사후에 생명을 얻는 진정으로 위대한 사람을 구별하지 못한다. 구별하지 못할 뿐만 아니라 오히려 반대로 생각한다. — 지금까지 역사가 입이 닳도록 되풀이하고 있는데도 불구하고 사람들은 절대 깨닫지 못한다.

위대한 사람이 동시대 사람에게 무시당한다고 화를 낸다면 어리석은 것이다. 위대한 사람은 결코 동시대 사람에게 존경받을 만큼 하찮은 인간이 아니기 때문이다.

동시대 사람의 존경을 받기는 쉽다.

1. 황족으로 태어나면 된다.
2. 귀족으로 태어나면 된다.
3. 부자로 태어나면 된다.
4. 권세가로 태어나면 된다.

위와 같은 사람으로 태어나면 바로 존경받을 수 있다. 그러나 백년 후에 그들을 존경하는 사람은 아무도 없다.

일기 및 단상

사람의 명성이 사라진다는 것의 진짜 의미는 그 사람의 행동이나 작품, 말 등이 죽어버렸다는 뜻이다. 그것들이 죽어버린다는 의미는 그것들을 접하는 모든 사람에게 어떠한 감동도 불러일으키지 않는다는 뜻이다. 다시 말해, 그것들이 그대로 존재하고 있다 해도 그 감동은 죽었다는 것이다. 만약 그 감동이 죽었다면, 그냥 가만히 앉아만 있어도 그 사람의 명성은 죽어버리는 것이다.

하지만 그 움직임이 남아 있다면, 또는 그 감동이 강렬하다면, 아무리 외부에서 정략적으로 그 사람의 명성을 죽이려고 해도 소용이 없다.

일기 및 단상

대부분의 경우, 영웅이란 그 시대에 아주 중요한 사람을 이르는 것인데, 이름만큼은 대단한 것 같지만 본래는 참으로 실제적인 존재다. 그렇기 때문에 그 중요한 시기를 지나가면, 세상은 그 자격을 조금씩 빼앗는다.

그 후

의사는 직업이다. 간호사도 직업이다. 예를 다하면 보수를 받는다. 공짜로 보살펴주지 않는 건 당연하다. 하지만 단지 금전을 얻기 위해 의무에 충실할 뿐이라고 해석하면, 참으로 기계적이고 아무런 멋도 없다. 하지만 그들의 의무 속에 반쯤의 호의를 녹인 다음 환자의 눈에 비춰 보면, 그들의 몸짓이 얼마나 고귀한지 모른다. 환자는 그들이 건네주는 한 점의 호의에 의해 금세 되살아나기 때문이다. 나는 그때 그렇게 해석하며 혼자서 기뻐했다. 그렇게 해석된 의사와 간호사도 기뻐했으리라고 생각한다.

생각나는 것들

나를 위한 것인가 또는 남을 위한 것인가 라는 관점에서 직업을 살펴보면, 직업이란 결국 남을 위한다는 것에 근본적인 의미를 두어야 합니다. 남을 위한 결과가 나를 위하는 것이 되기 때문에, 근본이 어떻든 '타인 본위'입니다. 이미 타인 본위인 이상, 직업의 종류를 선택하거나 일의 분량을 정하는 모든 것은 타인을 기준으로 삼아 일해야 합니다.

도락과 직업

신문쟁이가 장사꾼이라면 대학 강사도 장사꾼이다. 장사가 아니라면 교수나 박사가 되고 싶을 필요도 없을 것이다. 월급을 올려달라고 할 필요도 없을 것이다. 국가의 관리가 될 필요도 없을 것이다. 신문쟁이가 장사꾼인 것과 마찬가지로 대학 강사도 장사꾼이다. 신문이 미천한 장사꾼이라면 대학 강사도 미천한 장사꾼이다. 단지 개인으로 영업을 한다는 것과 국가에서 영업을 한다는 것의 차이일 뿐이다.

입사의 말

　　자의식의 결과는 신경쇠약을 낳는다. 신경쇠약은 20세기의 공통된 병이다.

　　지혜, 학문 등 다양한 방면에서 진보함과 동시에 이 진보를 초래한 인간은 한 발 한 발 퇴폐하고 쇠약해진다.

일기 및 단상

　　자신의 개성을 발전시키려고 한다면 동시에 타인의 개성도 존중해야 한다.

나의 개인주의

선례로 미래를 논하려는 것은 대단히 어리석은 짓이다. "전례가 없기 때문에 할 수 없습니다(하지 않겠습니다)." 이것은 흔히 관리 업무라고 놀림 받는 세계에서 자주 쓰이는 말이다. 그래서는 새로운 발상이나 노력이 생겨날 리도 없고, 실패를 두려워하고, 무난하게 넘어가려고 몸을 웅크리고 만다. 관청뿐 아니라 다른 많은 조직에서도, 심지어는 자기 자신 안에서조차 모르는 사이에 그런 브레이크를 밟는 일이 적지 않을지도 모른다.

일기 및 단상

선례가 없는 사회에서 태어난 사람은 스스로 선례를 만들어야 합니다. 속박 없는 자유를 누리는 사람은 이미 자유 때문에 속박당하고 있습니다. 이 자유를 어떻게 사용할지는 여러분의 권리인 동시에 큰 책임입니다. 여러분, 위대한 이상을 갖지 못한 사람의 자유는 타락입니다.

태풍

똑같은 것을 똑같이 해도 결과가 좋으면 성공이라고 하지만, 결과가 나쁘면 곧바로 그 사람의 방법을 왈가왈부한다. 그 방법의 실제를 보지 않고 결과만을 보고 말하는 것이다. 그 방법의 좋고 나쁨은 보지 않고 오로지 결과만 보고 비평한다. 그리고 그 사람은 성공했다는 둥 실패했다는 둥 말하지만, 내가 성공이라고 하는 것은 그런 단순한 의미가 아니다. 설령 그 결과가 실패로 끝나더라도 그 방법이 선한 것을 행하고, 공감할 가치가 있고, 감탄할 만한 관념을 불러일으키게 한다면, 그것은 성공이다. 나는 그런 의미의 성공을 성공이라고 하고 싶다.

모방과 독립

우연히 한 일이 의외로 남의 마음에 들지도 모른다. 오히려 남의 마음에 들려고 의도적으로 만들어낸 예술은 대체로 형편없는 것 같다. 꾸미지 않고 자연스럽게 나온 말을 능가하는 아첨꾼은 일찍이 본 적이 없다. 나 역시 나 자신이 가여워 여러 사람의 비위를 맞춰보았지만, 아무래도 좋은 결과가 나오지 않았다. 상대가 아무리 바보라 해도 언젠가는 드러나기 때문에 무서운 것이다.

갱부

이 세상에 살고 있는 한 사람의 인간으로서 나는 완전히 고립하여 생존할 수는 없다. 자연히 남과 교섭해야 할 일이 어디선가 생겨난다. 날씨에 대한 인사말, 용무에 관한 이야기, 그리고 그보다 더 복잡한 의논, 이런 것들로부터 벗어나기란 아무리 담백한 생활을 보내고 있는 내게도 어려운 일이다.

유리문 안에서

우리가 개화의 조류에 떠밀려 하루하루 불구가 되어가고 있다는 것만큼은 확실하겠지요. 그것을 다른 말로 하면, 나 혼자서는 도저히 살아갈 수 없는 인간이 되어가고 있다는 것입니다. 자신이 전문적으로 하는 일에 대해서는 비정상적으로 매우 깊이 알지 모르지만, 그 대신 일반적인 사물에 대해서는 대단히 지식이 결핍된 묘한 괴짜가 되어가고만 있다는 의미입니다.

도락과 직업

산이 있어서 이웃 지방에 가지 못한다면 산을 깎아버리겠다는 생각을 하는 대신에, 이웃 지방에 가지 않아도 해결할 수 있는 방법을 궁리한다. 산을 넘지 않아도 만족해하는 마음을 키우는 것이다. 선승도 유학자도 반드시 이 문제를 근본적으로 붙들고 있다.

자기가 아무리 잘났다고 해도 세상은 자기 마음대로는 절대로 되지 않는 법이다. 지는 해를 되돌릴 수도, 가모가와 강을 거꾸로 흐르게 할 수도 없다. 뜻대로 할 수 있는 건 오로지 내 마음뿐이니까.

나는 고양이로소이다

아무리 적극적으로 해냈다고 해도 만족이라는 영역에도, 완전이라는 경지에도 다다를 수는 없다. 맞은편에 편백나무가 있다. 그게 눈에 거슬리니 베어버린다. 그러면 그 너머에 있는 하숙집이 또 방해가 된다. 하숙집을 철거해버리면, 또 그 다음 집이 거슬린다. 어디까지 간다 해도 끝이 없는 이야기다.

나는 고양이로소이다

영국인은 자신을 천하제일의 강국이라고 생각한다. 프랑스인도 천하제일의 강국이라고 생각한다. 독일인도 그렇게 생각한다. 그들은 과거에 역사가 있다는 것을 잊고 있다. 로마는 멸망했다. 그리스도 멸망했다. 지금의 영국, 프랑스, 독일은 멸망할 때가 없을까? 일본은 과거에 비교적 만족스러운 역사를 가지고 있다. 비교적 만족스러운 현재를 가지고 있다. 하지만 미래는 어떨까? 스스로 으스대지 마라. 스스로 포기하지 마라. 묵묵히 소처럼 행하라. 텅 빈 속으로 큰소리치지 마라. 진지하게 생각하라. 성실하게 말하라. 진실하게 행동하라. 그대가 지금 뿌리는 씨는 머지않아 그대가 거두어야 할 미래가 되어 나타날 것이다.

일기 및 단상

전쟁터에 나가서 적을 죽인다. 이것을 도덕적이라고 하는 것은 아군의 말이다. 또한 그 나라 사람들의 말이다. 남의 나라를 정복하고 자국의 이익을 확장한다. 이것을 도덕이 허락하는 행위라고 하는 것은 그 이익을 향유하는 국민이 하는 말이고, 그 이익을 빼앗기는 국민의 입장에서 보면 부도덕한 것이다.

일기 및 단상

역사는 과거를 되돌아보았을 때 비로소 생기는 것이다. 슬프지만 지금 우리는 시시각각 떠밀려, 한시도 한 곳에 조용히 머물러 우리가 걸어온 길을 돌아볼 여유가 없다. 우리의 과거는 존재하지 않는 과거처럼 미래를 위해 짓밟히고 있다. 우리는 역사가 없는 벼락부자처럼 그저 앞으로 앞으로 떠밀려간다.

머독 선생의 《일본역사》

도덕은 습관이다. 강자의 편의에 맞는 것이 도덕의 형태로 나타나는 것이다. 효(孝)는 부모의 권리가 강한 곳에서, 충(忠)은 왕의 권력이 강한 곳에서, 정(貞)은 남자의 권력이 강한 곳에서 나타난다.

일기 및 단상

충군과 애국은 편의를 위해 맞춘 가면이다.

일기 및 단상

국가의 도덕이란 개인의 도덕과 비교하면 훨씬 단계가 낮은 것으로 보인다는 점입니다. 원래 국가와 국가 사이에는 인사치레가 아무리 떠들썩해도 도덕심은 그다지 없습니다. 사기를 치고, 거짓말을 하고, 속임수를 쓰고, 엉망진창입니다. 그렇기 때문에 국가를 표준으로 하는 이상, 국가를 하나의 집단으로 보는 이상, 훨씬 저급한 도덕에도 아무렇지도 않게 만족하고 살아야겠지만, 개인주의를 기초로 하여 생각하면 도덕이 매우 높아지기 때문에 개인주의를 기초로 생각해야 합니다. 그래서 국가가 평온할 때는 역시 도덕심이 높은 개인주의에 무게를 두는 편이 제가 보기에는 아무래도 당연한 것 같습니다.

나의 개인주의

세상에는 나쁜 짓을 하면서도 자신은 어디까지나 선한 사람이라고 생각하는 자가 있다. 이것은 자신은 죄가 없다고 자신하고 있다는 것이니 천진해서 괜찮기는 하지만, 남을 곤란하게 한다는 사실은 아무리 천진해도 없앨 수가 없다.

나는 고양이로소이다

사람들은 일본을 보고 미련 없는 국민이라고 한다. 수백 년을 이어온 풍속과 관습을 식은 죽 먹듯이 없애버리고도 전혀 유감스러워 하지 않는 것을 보면 과연 미련 없는 국민이라 할 만하다. 다만 좋은 의미의 미련 없음인지 나쁜 의미의 미련 없음인지는 의문이다.

일기 및 단상

숫자는 힘이다. 힘을 낳는 곳은 무섭다. 한 평도 안 되는 썩은 물이라도, 올챙이가 들끓는 곳은 무섭다. 하물며 고등한 문명의 올챙이를 아무렇지도 않게 쏟아내는 도쿄가 무서운 것은 당연한 것이다.

우미인초

사랑도 아름답고, 효도도 아름답고, 충군애국도 훌륭할 것이다. 하지만 자신이 그 상황에 닥치면 이해관계의 회오리에 휩쓸려, 아름다운 것에도, 훌륭한 것에도 눈이 어두워진다.

풀베개

표면을 만드는 자를 세상 사람들은 위선자라고 한다. 위선자든 뭐든 상관없다. 표면을 만든다는 것은 내부를 개량하는 일종의 방법이다. 이것은 일상의 실험으로 잘 알 수 있다. 표면을 만든다는 것은, 만들고 싶지는 않지만, 외부의 압박 때문에 어쩔 수 없이 겉모양을 만드는 것이다. 이 제재(制裁)가 백 년 이백 년 오래오래 계속되년, 그것은 없어서는 안 될, 또한 함부로 범해서는 안 될 형식이 된다.

문학 평론

역사를 돌아보았을 때, 표준을 세워놓고 반드시 거기에 맞춰야 한다고 말하는 것 중에 오래간 예는 없다. 50년쯤 지나면 그 표준은 저절로 무너진다. 역사가 먼저 그 표준설을 무너뜨리는 것이다.

비평가의 입장

낡은 도덕을 파괴하는 것은 새로운 도덕을 세울 때에만 허용되어야 한다.

일기 및 단상

'이즘(ism)'라고 하는 것은 이미 지나간 사실을 토대로 하여 성립한 것이다. 과거를 총괄하는 것이다. 경험의 역사를 간략하게 하는 것이다. 주어진 사실의 윤곽이다. 틀이다. 이 틀로 미래를 대한다는 것은 하늘이 펼치는 미래의 내용을 인간의 머리에서 만들어진 그릇 안에 담겠다고 미리 기다리며 준비하고 있는 것과 마찬가지다.

　기계적인 자연계의 현상 중 단조로운 반복을 싫어하지 않는 사람은 바로 이 틀을 응용하여 실생활의 편의를 꾀할 수 있을지도 모른다. 과학자의 연구가 미래에 반영되는 것도 이 때문이다. 하지만 인간의 정신생활에서 우리가 만약 무슨무슨 '이즘'에 지배되려고 할 때면, 우리는 곧바로 주어진 윤곽 때문에 생존의 고통을 느끼는 법이다. 그저 주어진 윤곽의 수단으로서만 생존한다는 것은 육체를 위해 기계의 역할을 하는 것과 마찬가지이기 때문이다. 그때 우리는 정신의 발전이 자신의 타고난 법칙에 따라 자기에게 진실된 윤곽을 스스로 자신에게 부여하지 못하는 굴욕에 분노할 때조차 있다.

이즘의 공과

형식 논리로 사람의 입을 막을 수는 있겠지만, 사람의 마음을 얻을 수는 없다. 그렇다면 무논리로 사람의 마음을 얻을 수 있을까. 그럴 리도 없다. 논리는 실질에서 솟아나기 때문에 살아 있는 것이다. 곶감이 하얀 가루를 안쪽에서 내뿜는 것과 같은 것이다.

일기 및 단상

세계는 색의 세계이고, 형태는 색의 잔해이다. 잔해를 논하며 그 내용물의 맛을 이해하지 못하는 자는, 그릇의 모양에 얽매여, 넘쳐흐르는 술거품을 어떻게 처리해야 할지 모르는 사람이다. 아무리 살펴보아도 접시는 먹을 수 없다. 입을 대지 않은 술은 김이 빠진다. 형식의 사람은 밑 빠진 도의(道義)의 술잔을 끌어안고 길바닥에서 어쩔 줄을 몰라 한다.

우미인초

색(色)을 보는 자는 형(形)을 보지 않고, 형을 보는 자는 질(質)을 보지 않는다.

우미인초

이것은 사교가 아닙니다. 서로 체면 차리는 말만 해서는 아무리 시간이 흘러도 생각이 발전되지도 도움을 얻지도 못합니다. 마음을 굳게 먹고 솔직해지지 않으면 안 됩니다. 저도 충분히 마음을 열어 보이면, 지금 당신이 어디에 서서 어디를 향하고 있는지 그 실제가 제 눈에 잘 보이게 됩니다. 그럴 때, 저는 비로소 당신을 지도할 자격을, 당신에게서 받았다고 자각할 수 있을 것입니다. 그렇기 때문에 제가 무슨 말을 할 때, 대답할 수 있는 뭔가를 마음속에 가지고 있는 한, 절대로 잠자코 있으면 안 됩니다. 이런 말을 하면 비웃음을 사지 않을까, 창피를 당하지 않을까, 또는 실례를 범해 꾸중을 듣지는 않을까 염려해, 상대방에게 검게 덧칠한 부분만을 자신의 모습으로 보여줄 궁리를 한다면, 제가 아무리 당신에게 도움을 주려고 애써도, 제가 쏜 화살은 빗나가는 화살이 될 뿐입니다.

유리문 안에서

자신의 약점을 드러내지 않고 남에게서 이익을 얻을 수 없다. 자신의 약점을 드러내지 않고 남에게 이익을 줄 수 없다.

일기 및 단상

나 역시 나라는 것을 감추지는 않겠습니다. 있는 그대로를 드러내는 것 말고 당신을 가르칠 수 있는 길은 없습니다. 그러니까 내 생각 어딘가에 틈이 있고 그 틈을 혹시 당신이 간파했다면, 나는 당신에게 내 약점이 잡혔다는 의미에서 패배의 결과에 빠지는 것입니다. 가르침을 받는 사람만이 자신을 보여줄 의무가 있다고 생각하는 것은 잘못입니다. 가르치는 사람도 자기 자신을 당신 앞에 털어놓는 것입니다. 양쪽 다 사교를 떠나서 서로를 꿰뚫어보는 것입니다.

유리문 안에서

내가 남에게 들려주는 조언은 무슨 일이 있어도 꼭 이 삶이 허락하는 범위 내에서여만 한다고 생각한다. 어떤 식으로 살아갈 것인가 하는 좁은 범위 내에서만 한 사람의 인간으로서 다른 한 사람의 인간을 대해야 한다고 생각한다. 이미 삶 속에서 활동하는 자신을 인정하고, 또 그 삶 속에서 호흡하는 타인을 인정하는 이상, 서로의 근본 의의는 아무리 괴롭고 추하더라도 이 삶 위에 놓인 것으로 해석하는 것이 당연하기 때문이다.

유리문 안에서

나는 어린 시절부터 청년이 될 때까지 세상이 괜찮은 곳이라고 생각했네. 맛있는 음식을 먹을 수 있다고 생각했네. 멋진 옷을 입을 수 있다고 생각했네. 시적인 삶을 살며 아름다운 아내를 맞이해 훌륭한 가정을 이룰 수 있다고 생각했지.

만약 그렇게 할 수 없다면 어떻게 해서든 얻고 싶다고 생각했네. 달리 말하면 그것과 반대되는 것들은 되도록 피하려고 했지. 하지만 세상 속에 사는 동안은 어디로 어떻게 피하려 해도 피할 곳은 없네. 세상은 자신의 상상과는 완전히 정반대의 현상으로 소용돌이 치고 있지.

그래서 우리가 세상 속에 있는 동안은 더러운 자든 불쾌한 자든 싫은 자든 결코 피하지 않고, 아니 오히려 자진하여 그 속으로 뛰어들지 않으면 아무것도 할 수가 없네.

그저 깨끗하고 아름답게 사는 것, 즉 시인처럼 산다는 건 삶의 의의에서 몇 분의 일인지 모르겠지만 역시 아주 작은 부분이 아닐까 하네.

서간

세상이 한 사람의 공정한 인격을 잃을 때, 세상은 한 단계의 광명을 잃는다. 공정한 인격은 백 명의 귀족, 백 명의 일류 상인, 백 명의 박사로도 보상하기 어려울 만큼 귀한 것이다. 나는 이 인격을 유지하기 위해 태어났다는 것 외에, 인간 세상에 존재할 어떠한 의미도 인정할 수 없다. 추우면 옷을 입고, 배고프면 밥을 먹는 것은 이 인격을 유지하는 하나의 수단일 뿐이다. 붓을 놀리고 먹을 가는 것 또한 이 인격을 관철하는 또 다른 방책일 뿐이다.

태풍

세상에 익숙하지 않은 젊은 시절에는 저마다 마음먹은 대로 행동한다. 행동한 후에 뒤돌아보면, 생각한 대로 되지 않았기에, 그렇게 함부로 행동하면 안 되겠구나, 하고 조금은 규율을 지키며 행동해야겠다고 생각한다.

문학 평론

세상이 두렵다고 하는데, 두려운 것 같지만 의외로 두렵지 않네. 자네의 단점을 말하면, 학교에 있을 때부터 세상을 지나치게 두려워하네. 자네는 집에서 아버지를 두려워하고, 학교에서는 친구를 두려워하고, 졸업한 뒤에는 세상과 선생을 두려워하네. 그리고 세상의 두려움을 깨닫고는 더 힘들어하지. 두려움을 깨달은 사람은 조심스러워하지. 조심스러움은 대개 인격을 떨어뜨리네. 세상의 소위 경계심이 많은 사람을 보게나. 산다는 건 그런 것이 아니네. 친구로 삼을 수 있을까. 큰일을 맡길 수 있을까. 이해관계 이상의 일로 고민할 수 있을까. 세상을 두려워해서는 안 되네. 태어난 세상이 두려우면 자신감이 없어지고 살아 있는 것이 괴로운 법이네.

　나는 자네에게 좀 더 담대해질 것을 권하네. 세상을 두려워하지 말라고 말하겠네. 스스로 돌이켜보고 천만 명이 있다 해도 나는 가겠다고 말하는 기질을 키우라고 말하겠네. 세상은 자네가 생각하는 것만큼 두렵지 않고 의외로 태평한 것이네. 면직당하고 월급이 오르는 것 말고는 인생의 목적이 없다면 세상이 두려울지도 모르지. 세상의 선비, 한 시대의 학자라면 그 이상의 두려운 이유를 말해야 부끄럽지 않을 것이네.

서간

인 생

세상에 살게 된 지 20년이 지나니, 세상은 살 가치가 있다는 것을 알았다. 25년이 지나자, 명암은 표리와 같아서, 해가 드는 곳은 반드시 그늘이 진다는 것을 깨달았다. 서른이 된 지금은 이렇게 생각한다. — 기쁨이 깊을 때 근심은 더더욱 깊고, 즐거움이 클수록 괴로움도 크다. 이것을 떼놓으려고 하면, 몸이 견디지 못한다. 해결하려고 하면, 세상이 유지되지 않는다.

풀베개

이 세상에 마음에 들지 않는 일, 분통 터지는 일, 분개해야 마땅한 일은 먼지처럼 많이 있습니다. 그것을 깨끗하게 하는 것은 인간의 힘으로는 불가능합니다. 그것과 싸우기보다 그것을 용서하는 것이 인간으로서 훌륭한 것이라면, 저는 제가 할 수 있는 한 당신과 함께 그쪽을 수양하고 싶습니다만 어떠십니까?

서간

내가 자네보다 태연한 것은 학문 때문도, 공부 때문도 뭐 때문도 아니야. 때때로 진지해지기 때문이지. 진지해진다기보다는 진지해질 수 있다고 하는 편이 적당하겠군. 진지해질 수 있는 것만큼 자신감이 생기는 건 없어. 진지해질 수 있는 것만큼 차분해지는 건 없어. 진지해질 수 있는 것만큼 정신의 존재를 자각하는 건 없어. 세상 앞에 자신이 분명히 존재하고 있다는 관념은 진지해지고서야 얻을 수 있는 자각이네.

진지함이라는 건 말이지, 진검승부라는 의미야. 해치운다는 의미지. 해치우지 않고는 견딜 수 없다는 의미야. 인간 전체가 활동한다는 의미야. 말주변이 좋다 해도, 손재주가 좋다 해도, 입이나 손을 움직이는 건 아무리 움직인다고 해도 진지함이 아니네. 머릿속을 유감없이 세상 속으로 내던져야지만 진지한 기분이 드는 것이네.

우미인초

청년은 진지한 것이 좋다.

서간

세상에는 평생 진지함이 어떤 건지도 모르고 끝나버리는 사람이 얼마든지 있어. 껍데기만으로 살고 있는 인간은 흙으로만 만들어진 인형과 크게 다르지 않아. 진지함이 없다면 모르겠지만, 있는데도 인형이 된다면 아까운 일이지. 진지해지고 나면 기분이 좋은 법이야.

우미인초

진지함이라는 건 말이야, 말하자면 실행이라는 두 글자로 귀결되는 거야. 입만 가지고 진지해지는 건 입만 진지해지는 거지, 인간이 진지해지는 건 아니야. 너라는 한 인간이 진지해졌다고 주장한다면, 주장하는 만큼의 증거를 실제로 보여주지 않으면 아무것도 아니야.

우미인초

한 사람 한 사람이 진지해지면 당사자만 구원받는 것이 아니다. 세상이 구원받는다.

우미인초

선은 행하기 어렵고, 덕은 베풀기 어렵고, 절조는 지키기 쉽지 않고, 의를 위해서 목숨을 버리는 것은 아깝다. 이런 것들을 굳이 한다는 것은 누구에게나 고통이다. 그 고통을 무릅쓰기 위해서는, 고통을 넘어설 만한 유쾌함이 어딘가에 숨어 있어야 한다.

풀베개

싫어도 인간으로 태어난 이상은 밟히고, 차이고, 야단맞아도, 게다가 남들이 돌아봐주지 않는다고 해도 태연히 있을 수 있는 각오가 필요하다. 그뿐 아니라, 침을 맞아도 똥물을 뒤집어써도, 큰 웃음거리가 된다 해도 유쾌하게 생각해야 한다.

나는 고양이로소이다

더러운 세상에 덧없는 목숨이지만 어제와 오늘을 살아가는 것도 인간 세상에 행복이 있기 때문이네.

서간

꽃들의 왕이라는 모란꽃조차도 질 때는 그 부귀의 색이 그저 호사가의 연민을 사기에도 모자랄 만큼 미약한 것이다.

취미의 유전

괴롭고, 힘들고, 분하고, 쓸쓸한 눈물은 경험으로 없앨 수 있다. 고마움의 눈물도 흘리지 않아도 아무 문제가 없다. 하지만 타락한 자신이, 여전히 옛날 그대로의 자신이라고 남이 알아주었을 때 흘리는 기쁨의 눈물은 죽을 때까지 따라다닐 것이 분명하다.

갱부

친구는 꼭 필요하다. 때로는 거추장스러울 때도 있다. 무거운 짐을 지고 여행하는 것과 같다. 등에 짊어지고 있는 동안은 거추장스럽지만, 여관에 도착하면 도움이 된다.

일기 및 단상

예전에 그 사람 앞에서 무릎을 꿇었던 기억이, 이번에는 그 사람의 머리 위에 발을 얹으려고 하는 것입니다. 나는 미래의 모욕을 받지 않기 위해 지금의 존경을 물리치고 싶습니다. 나는 지금보다 더 외로울 미래의 나를 견디는 대신, 지금의 외로운 나를 견디고 싶은 것입니다. 자유와 독립과 자아로 가득한 현대에 태어난 우리는 그 대가로 이 외로움을 맛보아야 하겠지요.

마음

나는 외로운 인간이지만 어쩌면 당신도 외로운 인간이 아닐까요. 나는 외로워도 나이가 들었으니까 움직이지 않고 있을 수 있지만, 젊은 당신은 그렇게는 할 수 없겠지요. 움직일 수 있는 만큼 움직이고 싶겠지요. 움직여서 뭔가에 부딪치고 싶겠지요.

마음

나는 자유를 원해서 자유를 얻었다. 자유를 얻은 결과, 부자유를 느끼며 힘들어한다.

나는 고양이로소이다

세상에는 풍자어라는 것이 있다. 모든 풍자어는 표리 양면의 의미를 가진다. 선생에게 바보라는 별칭을 쓰고 대장을 필부라는 별명으로 부르는 것은 누구나 알고 있을 것이다. 이런 필법으로 보면 남에게 겸손하게 대하는 것은 남을 더 어리석게 만드는 대우법이고, 남을 칭찬하는 것은 남을 맹렬히 매도하는 것이 된다. 표면의 의미가 강할수록 이면의 함축도 더 깊어진다.

취미의 유전

우리가 전 생애에서 가장 근신해야 할 때는 자신의 전성기이다.

서간

신용이 없으면 세상에 선다 한들 아무것도 할 수 없다. 그러니 먼저 남들의 신용을 얻지 않으면 안 된다. 신용을 얻으려면 반드시 공부해야 한다.

낙제

나는 어두운 인간 세상의 그림자를 가차없이 당신의 머리 위로 내던질 것입니다. 하지만 두려워해서는 안 됩니다. 어두운 것을 가만히 지켜보며 그 안에서 당신에게 참고가 될 것을 붙잡으십시오. 내가 어둡다고 하는 것은 말할 것도 없이 윤리적으로 어두운 것입니다. 나는 윤리적으로 태어난 사람입니다. 또한 윤리적으로 자란 사람입니다. 그 윤리상의 생각은 지금의 젊은이와는 꽤 다른 점이 있을지 모릅니다. 하지만 어떻게 다르다 해도 나 자신의 것입니다. 임시변통으로 빌린 옷이 아닙니다. 그렇기 때문에 앞으로 발전하려는 당신에게는 얼마쯤 참고가 될 거라고 생각합니다.

마음

나는 문을 열어주기를 바라며 왔다. 하지만 문지기는 문 너머에 있으면서 두드려도 끝내 얼굴조차 내밀어주지 않았다. 그저 "두드려도 소용없네. 혼자서 열고 들어오게."라는 목소리만 들려올 뿐이었다.

문

세상에 정직 외에 달리 이길 것이 있는지, 생각해보라. 오늘밤 이길 수 없으면 내일 이길 테다. 내일 이길 수 없으면 모레 이길 테다. 모레 이길 수 없으면 하숙집에 도시락을 가져오라고 시켜서라도 이길 때까지 여기 있을 테다.

도련님

나는 정직하게 태어난 사람이다. 그러나 사회에서 원망받지 않고 세상을 살아가려면 아무래도 거짓말을 하고 싶어진다. 정직함과 사회생활이 양립하게 되면 거짓말은 바로 그만둘 생각이다.

취미의 유전

정직하다면 누가 무슨 일로 덤빈다고 해도 무섭지는 않습니다.

도련님

정직한 사람일수록 남에게 이용당하기 쉽다.

우미인초

공간을 가르는 것을 물(物)이라 하고, 시간에 따라 일어나는 것을 사(事)라고 한다. '사'와 '물'을 떠나서는 마음이 없고, 마음을 떠나서는 '사'와 '물'이 없다. 따라서 '사'와 '물'의 변화와 추이를 인생이라고 이름 붙인다.

이렇게 정의하면 꽤 어려운 것 같지만, 이것을 쉽게 풀이하면, 우선 지진, 천둥, 화재의 무서움을 깨닫고, 설탕과 소금의 구별을 알며, 사랑의 무거운 짐과 의리의 굴레 같은 의미를 이해하고, 순경(順境)과 역경(逆境)의 두 가지 경지를 밟고, 화(禍)와 복(福) 두 문을 통과한다는 의미일 뿐이다.

다만 그런 의미에 불과할 뿐이라 해도, 부딪히게 되는 일은 백 가지 갈래에 천차만별이기에, 열 사람에게는 열 사람의 생활이 있고, 백 사람에게는 백 사람의 생활이 있으며, 천백만 사람에게는 천백만 사람의 생애가 있다.

인생

만약 인생이 수학적으로 설명될 수 있다면, 만약 주어진 재료에서 X라는 인생이 발견될 수 있다면, 만약 인간이 인간의 주재자가 될 수 있다면, 만약 시인, 문인, 소설가가 쓴 인생 이외에 다른 인생이 없다면, 인생은 훨씬 편리할 것이고 인간은 훨씬 훌륭한 존재일 것이다. 그러나 예측할 수 없는 변화가 외부 세계에서 일어난다. 생각지도 못한 마음은 마음속 깊은 곳에서 가차없이, 난폭하게 튀어나온다. 쓰나미와 지진은 산리쿠 해안과 노비 평야에서만 일어나는 것이 아니다. 우리 자신의 내부에도 존재한다. 이 얼마나 위험한 것인가.

인생

이 세상에 정리되는 것은 거의 없다. 일단 일어난 일은 언제까지고 계속된다. 단지 여러 가지 형태로 변하기 때문에 남들도 자신도 알 수 없을 뿐이다.

한눈팔기

개인의 행동 하나하나는 각각 그 말미암은 바가 다르고 그 미치는 바도 같지 않다. 사람을 죽이는 행동은 하나이지만, 독을 집어넣는 것은 칼을 휘두르는 것과 같지 않고, 고의의 행동을 뜻밖의 사건이라고 말할 수 없으며, 어떨 때는 간접적이고 또 어떨 때는 직접적이다. 이것을 분류하는 것만으로도 상당히 수고로울 것이다.

하물며 나라마다 언어가 다르고, 사람도 상하의 구별이 있어, 동일한 사물도 여러 가지 기호로 우리를 어지럽히니 더더욱 번거로워진다. 황제가 죽으면 '붕어'라고 하고 필부가 죽으면 '죽는다'라고 하고, 새는 '떨어진다'고 하고, 물고기는 '떠오른다'라고 말한다. 그러나 죽음은 하나이다. 만약 인생을 하나하나 분석할 수 있다면, 하늘의 별과 바닷가의 모래알 수도 쉽게 헤아릴 수 있을 것이다.

인생

진실이라는 것은 알지 못할 때는 알고 싶지만, 알고 나서는 오히려 아아, 모르는 편이 나았는데, 하고 생각할 때가 종종 있습니다.

현대 일본의 개화

나는 이름 같은 믿을 수 없는 것은 아무래도 상관없습니다. 그저 자신의 만족을 얻기 위해, 세상을 위해 일하는 것입니다. 그 결과로 악명을 얻든, 오명을 얻든, 미치광이가 되든 어쩔 수가 없습니다. 그저 이렇게 일하지 않으면 만족할 수 없기 때문에 일하는 것뿐입니다. 이렇게 일하지 않으면 만족할 수 없는 것을 보면, 이것이 나의 길임에 틀림이 없습니다. 인간은 길을 따르는 것 말고는 달리 어쩔 도리가 없습니다. 인간은 길의 동물이기에, 길을 따르는 것이 가장 값지다고 생각합니다. 길을 따르는 사람은 신조차도 피하지 않을 수 없습니다.

태풍

이상을 가진 사람은 걸어가야 할 길을 알고 있다. 큰 이상을 가진 자는 큰 길을 걷는다. 길 잃은 아이와는 다르다. 어떤 일이 있어도 이 길을 걸어야 한다. 헤매고 싶어도 헤맬 수가 없다. 영혼이 이쪽으로, 이쪽으로, 하고 길을 알려 주기 때문이다.

태풍

자네는 산을 자기 쪽으로 부르는 남자다. 불러서 오지 않으면 화를 내는 남자다. 괘씸해서 발을 구르며 분해 하는 남자다. 그리고 산을 나쁘게 비판하는 것만 생각하는 남자다. 어째서 산 쪽으로 걸어가지 않는가.

                                                               행인

산이 다가와주지 않는 이상, 자신이 가는 수밖에 달리 방법이 없다.

                                                               행인

어디서부터 오른다 해도 똑같다. 산은 저곳에 보이니까.

                                                             우미인초

쓸데없는 말을 하지 않고 걷다 보면 저절로 산꼭대기에 다다른다.

                                                             우미인초

자신을 채찍질하지 않는 자는 시간을 자각할 능력이 없고, 시간을 자각할 능력이 없는 자는 죽은 자나 마찬가지이다.

서간

　운명은 신이 생각하는 것이다. 인간은 인간답게 행동하면 그것으로 족하다.

우미인초

　모든 비밀은 그것을 드러냈을 때 비로소 자연으로 돌아가 해결을 볼 수 있다.

춘분 지나고까지

　사람을 벤 자가 받는 벌은 베인 사람의 살에서 흘러나오는 피다.

그 후

교복의 단추가 놋쇠라는 것을 알면서도 황금이라고 고집부리던 시절이다. 놋쇠는 놋쇠라는 걸 깨달았을 때, 우리는 교복을 벗고 맨몸으로 세상 속으로 뛰어들었다. 시키는 피를 토하며 신문쟁이가 되었고, 나는 적당히 타협하며 서쪽 지방으로 도망쳤다. 우리의 세상은 우리에게 위태위태했다. 위태로움의 끝에 시키는 결국 백골로 변했다. 이제는 그 뼈도 썩고 있다.

교토의 저녁

구마모토보다 도쿄가 넓어. 도쿄보다 일본이 넓지. 일본보다 … 일본보다 머릿속이 넓겠지. 갇혀서는 안 돼.

산시로

나에게는 낙제가 아주 좋은 약이 되었다고 생각한다. 만약 그때 낙제하지 않고 그저 눈가림으로 넘어갔더라면 지금쯤 어떤 사람이 되어 있을지 모르는 일이다.

낙제

나는 차가운 머리로 새로운 것을 말하기보다는 뜨거운 혀로 평범한 것을 말하는 편이 살아 있는 것이라고 믿습니다. 피의 힘으로 몸이 움직이기 때문입니다. 말이 공기에 파동을 전달할 뿐만 아니라, 더 강한 것에 더 강하게 작용할 수 있기 때문입니다.

마음

인생의 절반은 행위로부터 성립된다. 그 행위의 절반은 도덕적 의의를 띤 것이 많다.

문학 평론

자신을 위해 행하는 것은 다시 말해, 남을 위해 행하는 것이다.

도락과 직업

그 자체가 목적인 행위만큼 정직한 것은 없다.

산시로

누구나 그래. 설령 지금 그 사람이 행복하지 않다고 해도, 그 사람의 마음가짐 하나로 미래는 행복해질 수 있어. 틀림없이 그렇게 될 수 있어. 틀림없이 그렇게 돼서 보여주는 거야.

명암

당신의 생은 과거에 있습니까? 미래에 있습니까? 당신은 이제부터 꽃이 피어날 몸입니다.

태풍

양귀비꽃이 지는 것을 슬프게만 바라보아서는 안 된다. 꽃이 져야 다시 피는 여름도 있는 것이다.

해로행

모든 상처를 치유하는 것은 세월이다.

문

물밑의 수초는 어두운 곳을 떠다니기에, 하얀 돛이 떠가는 바닷가에 햇빛이 비치는 것을 모른다. 오른쪽으로 흔들리든 왼쪽으로 나부끼든 물결이 희롱을 한다. 그저 그때그때 거스르지만 않으면 된다. 익숙해지면 물결도 신경 쓰이지 않는다. 물결이 무엇인지 생각할 겨를도 없다. 왜 물결이 자신에게 모질게 부딪쳐오는지는 당연히 문제가 되지 않는다. 문제가 된다 한들 고칠 수가 없다. 그저 운명이 어두운 데서 살라고 한다. 그래서 살고 있다. 그저 운명이 밤낮으로 움직이라고 말한다. 그래서 움직이고 있다.

우미인초

무릇 세상에서 무엇이 괴로운가 하면, 할 일이 없는 것만큼 괴로운 건 없다. 의식의 내용에 변화가 없는 것만큼 괴로운 건 없다. 사용할 수 있는 몸이 보이지 않는 밧줄에 묶여 움직이지 못하는 것만큼 괴로운 건 없다. 산다는 것은 활동하고 있다는 것인데, 살면서 이 활동이 억제된다는 것은 삶이라는 의미를 박탈당하는 것과 같은 것으로, 그 박탈을 자각하는 것은 죽음보다도 더한 고통이다.

런던탑

먹는 것이 목적이고 일하는 것이 수단이라면, 쉽게 먹을 수 있도록 일하는 방식을 맞춰 나가는 것이 당연하겠지. 그렇게 되면 무슨 일을 하든, 또 어떻게 일하든 상관없이 오로지 빵만 얻을 수 있으면 된다는 결론에 이르지 않을까? 노동의 내용도 방향도 순서도 전부 타인의 제약을 받는 이상, 그 노동은 타락한 노동이야.

그 후

빵과 관계된 경험은 절실할지는 모르지만, 말하자면 열등하다. 빵과 멀어지고 물과 멀어져서 사치스러운 경험을 하지 않으면 인간으로서의 보람이 없다. 너는 아직 나를 어린아이라고 생각하는 모양인데, 내가 살고 있는 사치스러운 세계에서는 너보다 훨씬 연장자인 셈이야.

그 후

일하는 것도 좋지만, 일을 한다면 생활 이상의 일이 아니면 명예가 되지 못한다. 모든 신성한 노력은 빵을 멀리한다.

그 후

다이스케는 인류의 한 사람으로서, 마음속으로 서로를 모욕하지 않고서는 감히 서로 접촉할 수 없는 현대 사회를 20세기의 타락이라고 불렀다.

그 후

자신을 귀하게 여기지 않는 자는 노예다. 자신을 버리고 신에게 달려가는 자는 신의 노예다. 신의 노예가 되기보다는 죽는 것이 낫다. 하물며 변변찮은 인간의 노예가 되는 것은 말할 것도 없다.

일기 및 단상

의무감을 갖지 않는 자유는 진짜 자유가 아니다.

나의 개인주의

과거의 옹이구멍을 막아버리려는 자는 현재에 만족한다. 현재가 활기가 없을 때 미래를 만들어낸다.

우미인초

"구애된다는 것은 고통이야. 피해야 해. 고통 그 자체는 피하기 어려운 세상이겠지. 하지만 구애되는 고통은, 하루만에 끝날 고통을 닷새, 이레로 늘리는 고통이야. 불필요한 고통이지. 피해야 해."

"구애된다는 건 남들이 자기에게 관심을 집중한다고 생각하기 때문이니까, 말하자면 남에게 얽매이기 때문이지."

"그래서 구애되는 것에서 벗어나려면 두 가지 방법이 있어. 남이 아무리 나에게 관심을 줘도 나는 신경을 쓰지 않는 게 하나의 방법이야. 남이 아무리 곁눈질을 해도, 냉정하게 평가해도, 욕을 퍼부어도, 나는 신경 쓰지 않고 척척 내 할 일을 해 나가는 거야." (중략)

"두 번째 방법은 보통 사람들의 해탈법이지. 보통 사람의 해탈법은 얽매임에서 벗어나려는 게 아니라, 구애될 수밖에 없는 괴로운 상황에 자신을 두지 않도록 피하는 거야. 남의 이목을 끈 결과, 자신이 고통 받지 않도록 처음부터 조심하는 거지. 그러니까 처음부터 세속의 흐름에 아첨하면서 시대에 부화뇌동하는 마음이 없으면 성공할 수 없어."

태풍

파초에 열매가 맺히면 이듬해부터 그 줄기는 말라버린다. 대나무도 마찬가지다. 동물 중에는 자식을 낳기 위해 사는지, 죽기 위해 자식을 낳는지 알 수 없는 것이 얼마든지 있다. 인간도 역시, 완만하지만 그에 준하는 법칙에 지배되고 있다. 어미는 일단 자신이 가진 전부를 희생하여 자식에게 생을 부여한 이상, 남은 전부를 희생하여 그 생을 보호해야 한다. 어미가 하늘에서 그러한 명령을 받고 이 세상에 나왔다고 한다면, 그 보수로 자식을 독점하는 것은 당연하다. 고의라기보다는 자연의 현상이다.

한눈팔기

이제 곧 그 아이가 커서 당신 품을 떠날 때가 분명 오겠지. 당신은 나하고는 헤어져도 자식하고만 잘 맞춰가면 그걸로 충분하다고 생각하는 모양인데, 그건 잘못이야.

한눈팔기

새로운 생명을 만들어 낸 자신은 그 보답으로 쇠퇴해지지 않으면 안 된다.

한눈팔기

죽음을 잊은 자는 사치스러워진다. 한 번의 떠오름도 삶 속에 있다. 한 번의 가라앉음도 삶 속에 있다. 일거수일투족 모든 것이 다 삶 속에 있기에 아무리 춤을 춰도, 아무리 미쳐도, 아무리 장난을 쳐도 결코 삶에서 벗어날 염려가 없다고 생각한다. 사치는 심해지고 대담해진다. 대담함은 도의(道義)를 유린하며 제멋대로 날뛴다.

모든 사람은 삶과 죽음이라는 큰 문제에서 출발한다. 이 문제를 해결하여 죽음을 버린다고 말한다. 삶을 좋아한다고 말한다. 거기서 만인은 삶을 향해 나아갔다. 오로지 죽음을 버린다고 말한 데서 만인은 일치했기 때문에, 죽음을 버리기 위한 필수 조건으로 도의를 서로 지키기로 묵계했다. 그러나 만인은 날마다 삶을 향해 나아가기 때문에, 하루하루 죽음을 등지며 멀어지기 때문에, 제멋대로 활개 치며 삶에서 벗어날 염려가 전혀 없다고 자신하기 때문에, 결국 도의는 불필요해진다.

도의를 중시하지 않는 만인은 도의를 희생하며 온갖 희극을 연기하고는 의기양양해한다. 장난친다. 떠든다. 속인다. 조롱한다. 무시한다. 짓밟는다. 발로 찬다. — 이 모든 것이 만인이 희극에서 얻는 쾌락이다. 이 쾌락은 삶을 향해 나아갈수록 분화하고 발전하기 때문에, 이 쾌락은 도의를 희생해야만 비로소 누릴 수 있기 때문에, 희극의 진보는 끝이 없고 도의의 관념은 날마다 옅어진다.

 도의의 관념이 극도로 쇠퇴하여 삶을 욕망하는 만인의 사회가 만족스럽게 유지되기 어려울 때, 비극은 느닷없이 일어난다. 그때 모든 만인의 눈은 저마다 자신의 출발점으로 향한다. 비로소 삶의 곁에 죽음이 살고 있다는 것을 깨닫게 된다. 제멋대로 미쳐 춤추는 사람을 삶의 경계를 벗어나 죽음의 굴레 속으로 들어가게 한다는 것을 알게 된다. 너도나도 가장 꺼리고 싫어하는 죽음은 마침내 잊을 수 없는 영원한 함정이라는 것을 깨닫게 된다. 함정 주변에서 썩어가는 도의의 새끼줄은 함부로 뛰어넘어서는 안 된다는 것을 알게 된다. 새끼줄을 새로 쳐야 한다는 것을 알게 된다. 근본적인 문제 아래의 모든 활동은 무의미하다는 것을 알게 된다. 그리고 나서야 비로소 비극의 위대함을 깨닫는다.

우미인초

운명은 단지 결말을 고하기 때문에 위대한 것은 아니다. 홀연히 삶을 죽음으로 바꾸기 때문에 위대한 것이다. 잊고 있던 죽음을 생각지도 못한 순간에 드러내주기 때문에 위대한 것이다. 까불대던 사람이 갑자기 옷깃을 바로 하기 때문에 위대한 것이다. 옷깃을 바로 하며 도의의 필요를 새삼 느끼기 때문에 위대한 것이다. 인생의 가장 중요한 의(義)는 도의에 있다는 명제를 뇌리에 새기기 때문에 위대한 것이다. 도의의 작동이 비극과 마주쳤을 때야 비로소 순조롭게 이루어지기 때문에 위대한 것이다. 도의의 실천은 남에게는 절실히 바라면서도, 자신에게는 가장 어려운 것이다. 비극은 개인에게 이것을 억지로 실천하게 만들기 때문에 위대하다. 도의의 실천은 남에게는 가장 이로우면서, 자기에게는 가장 불이익한 것이다. 사람들이 여기에 힘을 다할 때, 일반의 행복을 촉구하여 사회를 진정한 문명으로 이끌기 때문에 비극은 위대한 것이다.

우미인초

우주는 수수께끼다. 수수께끼를 푸는 것은 저마다의 마음이다. 제 마음대로 풀고 제 마음대로 안심하는 사람은 행복하다. 의심하면 부모도 수수께끼다. 형제도 수수께끼다. 아내도 자식도, 그렇게 깨닫는 자신조차도 수수께끼다. 이 세상에 태어난다는 것은 풀 수 없는 수수께끼를 억지로 떠안은 채, 백발로 서성이고, 한밤중에 번민하기 위해 태어난다는 것이다. 부모의 수수께끼를 풀려면, 나와 부모가 한 몸이 되어야 한다. 아내의 수수께끼를 풀려면, 아내와 한 몸이 되어야 한다. 우주의 수수께끼를 풀려면, 우주와 일심동체가 되어야 한다. 그렇게 할 수 없으면 부모도 아내도 우주도 의심이다. 풀 수 없는 수수께끼이자 고통이다. 부모 형제라는 풀 수 없는 수수께끼를 앞에 두고, 아내라는 새로운 수수께끼를 기꺼이 받아들인다는 것은, 자기 재산 둘 곳이 없어 난처해하면서, 남의 돈까지 떠맡는 것과 같다. 아내라는 새로운 수수께끼를 얻을 뿐인가, 새로운 수수께끼에 또 새로운 수수께끼를 낳게 하여 괴로워하는 것은, 맡아둔 돈에 이자가 붙어 남의 재산으로 인해 힘겨워하는 것과 같다. … 모든 의심은 자신을 희생하고서야 비로소 해결할 수 있다. 다만 어떻게 희생할지가 문제다. 죽음? 죽음은 너무나도 무능하다.

우미인초

지금까지는 스스로 괴로워하면서도, 나 이외의 사람을 움직여, 어떻게든 내 형편에 맞는 해결책이 있을 거라 생각하며, 오로지 외부에만 의존했다. 말하자면, 길에서 사람과 마주쳤을 때, 나는 꼿꼿이 선 채 상대편이 진창길 쪽으로 비켜 가줄 방법만 생각했던 것이다. 이쪽은 움직이지 않고 지금 그대로 그 자리에서, 상대편만 내 맘대로 움직이려는 무리한 일을 제안한 것이다. 거울 앞에 서서, 거울에 비치는 자기 모습을 신경 쓴다 한들, 어떻게 되는 것이 아니다. 세상의 규칙이라는 거울이 쉽게 움직이지 않는다면, 자신이 거울 앞을 떠나는 것이 가장 좋은 생각이다.

갱부

"자신이 하고 있는 일이 자신의 목적이 아닌 것만큼 괴로운 건 없어."

"목적은 아니어도 수단이 되면 되잖아."

"그건 괜찮지. 어떤 목적이 있기 때문에 수단이 정해지는 거니까."

행인

익살 뒤에는 진지함이 붙어 있다. 큰 웃음 속에는 뜨거운 눈물이 숨어 있다. 잡담의 밑바닥에는 애달픈 귀신의 곡소리가 들린다.

취미의 유전

한밤중에 위장의 고통 속에서 한 숨 한 숨 겨우 살고 있는 마음은 괴롭다. 어느 누구도 그걸 알아주는 사람은 없다. 있다고 해도 어떻게 해줄 수는 없다. 비지땀이 얼굴에서 등줄기로 흘러내린다.

일기 및 단상

인생은 문학이 아니다. 적어도 인생은 낭만파 문학이 아니며, 인생은 낭만적 시가가 아니다.

문학론

시는 시다. 인간 세상은 인간 세상이다.

문학론

나는 남의 미움을 받기 위해 살아 있는 겁니다. 일부러 남이 싫어할 것 같은 말을 하기도 하죠. 그렇게라도 하지 않으면 괴로워서 견딜 수가 없습니다. 살 수가 없습니다. 내 존재가 남들의 인정을 받지 못하는 겁니다. 나는 무능합니다. 사람들이 아무리 나를 경멸해도 마음껏 복수할 수가 없는 겁니다. 어쩔 수가 없으니 적어도 남에게 미움이라도 받아보려고 생각하는 겁니다.

명암

어떻게 하면 좋을까. 어떻게 하면 좋을지 아무리 생각해도, 좋은 지혜가 떠오르지 않을 때는, 그런 일은 일어나지 않는다고 마음먹는 것이 가장 안심할 수 있는 지름길이다.

나는 고양이로소이다

도금을 금이라 하며 통용시키려고 애처로운 궁리를 하느니, 놋쇠를 놋쇠라고 말하며 놋쇠에 상당하는 모멸을 견디는 편이 편할 것이다.

그 후

10년은 3천6백 일이다. 아침부터 밤까지 보통 사람의 심신을 피로하게 하는 문제는 모두 희극이다. 3천6백 일 동안 희극을 연기하는 자는 끝내 비극을 잊는다. 어떻게 삶을 해석할 것인가 하는 문제로 번뇌하면서, 죽음이라는 글자는 염두에 두지 않게 된다. 이 삶과 저 삶 중 어느 것을 취하고 어느 것을 버릴지 바쁘기 때문에 삶과 죽음이라는 가장 큰 문제를 소홀히 하게 된다.

우미인초

　한 사람의 일생에는 백 가지의 세계가 있다. 어떤 때는 흙의 세계로 들어가고, 어떤 때는 바람의 세계로 움직인다. 또 어떤 때는 피의 세계에서 피비린내 나는 빗물을 뒤집어쓴다.

우미인초

　모든 것이 희극이다. 마지막으로 하나의 문제가 남는다. ― 삶인가 죽음인가. 그것이 비극이다.

우미인초

예전에는 남 앞에 나서거나 남이 묻는 말에 모른다고 하면 창피를 당한 것처럼 부끄러웠지만, 요즘은 모른다는 것이 그렇게 창피한 일이 아닌 것 같다는 생각이 들기 시작했습니다. 그래서 억지로라도 책을 읽어야겠다는 마음이 생기지 않게 되었지요. 뭐, 쉽게 말하면 늙었다는 말입니다.

마음

흰머리와 인생 사이에서 갈팡질팡하는 것이 젊은 사람들이 보기에는 우스꽝스러워 보일 게 틀림없다. 하지만 젊은이들에게도 머지않아 무덤과 속세 사이에 서서 방향을 결정하기 어려운 시기가 올 것이다.

생각나는 것들

누구나 중년이 넘어서 스물한두 살 무렵의 자신을 눈앞에 떠올려보면, 무리 지은 여러 회상 가운데, 부끄러워서 식은땀이 흐를 것 같은 모습이 떠오르게 마련이다.

생각나는 것들

사실을 말하면, 시의 경지라는 것도, 그림의 세계라는 것도 누구나 저마다 가지고 있는 길이다. 손가락을 꼽으며 헛되이 세월을 보내고 백발을 탄식하는 사람이라 할지라도, 일생을 뒤돌아보며 지나간 시절의 파동을 차례차례 더듬어본다면, 악취 나는 사체에서도 희미한 빛이 새어 나오듯, 한때는 푹 빠져 몰입했던 일, 손뼉을 치며 즐거워했던 일을 떠올릴 수 있을 것이다. 그럴 수 없다면 삶의 보람이 없는 사람이다.

풀베개

적을 만나면 어떻게든 적을 삼키는 것이 제일이다. 삼킬 수 없다면 삼켜지는 편이 낫다. 만약 양쪽 다 어렵다면 인연을 딱 끊고 독립자존의 태도로 적을 바라보는 것이 좋다. 적과 융합할 수도 없고, 적의 세력 범위 밖으로 마음을 옮길 수도 없고, 게다가 적의 뒤를 캐야만 한다면 큰 손해다. 따라서 가장 하등한 것이다.

갱부

사물은 어떻게 보느냐에 따라 뭐든지 될 수 있다. 레오나르도 다빈치는 제자에게, 저 종소리를 들어보아라, 종은 하나지만 소리는 온갖 것으로 들린다, 라고 했다고 한다. 한 사람의 남자도, 한 사람의 여자도, 보기에 따라서는 어떤 모습도 될 수 있다.

풀베개

연먹빛의 아득한 세계를 은빛 화살 몇 줄기가 비스듬히 달리고, 그 속을 하염없이 비에 젖으며 걸어가는 나를, 내가 아닌 누군가의 모습이라 생각하면, 시가 되기도 하고, 하이쿠로 읽히기도 한다. 있는 그대로의 나 자신을 완전히 잊고 순수한 객관의 눈을 가질 수 있을 때, 비로소 나는 그림 속의 인물이 되어 자연의 풍경과 아름다운 조화를 이룬다. 다만, 쏟아지는 비에 마음이 괴롭고, 내딛는 발의 피로함에 신경이 쓰이면, 그 순간 나는 이미 시 속의 사람도, 그림 속의 사람도 아니다. 여전히 시정(市井)의 한 풋내기에 지나지 않는 것이다.

풀베개

이렇게 산속에 들어와 자연의 풍물을 마주하면, 보는 것도 듣는 것도 재미있다. 그저 재미있기만 할 뿐, 별다른 괴로움도 생기지 않는다. 생긴다면, 다리가 지치고 맛있는 걸 먹지 못하는 정도일 테다.

그런데 괴로움이 없는 건 왜일까. 그저 이 경치를 한 폭의 그림으로 바라보고, 한 편의 시로 읽기 때문이다. 그림이고 시인 이상, 땅을 얻어서 일구려는 마음도 없을뿐더러 철도를 깔아서 한밑천 잡겠다는 생각도 들지 않는다. 그저 이 경치가, 요깃거리도 되지 않고, 월급에 보탬도 되지 않는 이 경치가 오로지 경치로서만 나의 마음을 즐겁게 해주기 때문에 고생도 근심도 따르지 않는 것이리라. 자연의 힘은 그렇기 때문에 귀중하다. 우리의 성정을 순식간에 도야하여, 순수한 시경(詩境)에 들도록 해주는 것이 자연이다.

풀베개

순수한 감정만큼 아름다운 것은 없다. 아름다운 것만큼 강한 것은 없다.

춘분 지나고까지

나는 나다. 친구도 아니고, 처자식도 아니고, 부모 형제도 아니다. 나는 나 이외에 다른 어떤 사람도 될 수 없다. 내가 남을 굽히려 하지 않으면, 남도 나를 굽히려 하지 않는다. 양쪽 모두 굽힐 수 없을 때, 양쪽은 죽어야 할 운명을 맞는다. 운명은 내가 어찌 할 수 없는 것이다.

내가 남을 굽히지 않는데 어느 누가 나를 굽히려 하겠는가. 온 세상의 부와 권력과 계략을 쓴다 해도, 나를 굽힐 수 있는 이유는 없다. 나를 굽히기 전에 너는 세상의 표면에서 반드시 사라질 것이다.

일기 및 단상

당파가 아닌 이상, 나는 내가 가야 할 길을 내 맘대로 갈 뿐, 그와 동시에 타인이 가야 할 길을 방해하지 않기 때문에, 어떤 경우에는 인간이 뿔뿔이 흩어지지 않으면 안 됩니다. 그것이 외로운 것입니다.

나의 개인주의

자신감이 강할 때는 남이 그것을 깨부수고, 자신감이 약할 때는 자기 스스로 그것을 깨부순다. 차라리 남에게 깨부수어질지언정, 스스로 깨부수지는 마라.

우견수칙

인간 세계에서 통용되는 사랑의 법칙 제1조는 이렇다고 한다. ― 자기에게 이익이 되는 동안은 마땅히 남을 사랑해야 한다.

나는 고양이로소이다

애초에 우리는 자신이 꿈속에서 만들어낸 폭탄을 저마다 품에 안고, 한 명도 빠짐없이 죽음이라는 먼 곳으로 웃고 이야기하며 걸어가는 것이 아닐까. 다만 어떤 것을 품에 안고 있는지는, 남도 모르고 자신도 모르기 때문에 행복한 것이리라.

유리문 안에서

세상에는 반어라는 것이 있다. 흰색을 말하면서 검정을 의미하고, 작다고 주장하며 큰 것을 떠올리게 한다. 모든 반어 중에서 자신도 모르는 채 후세에 남겨지는 반어만큼 맹렬한 것이 또 있을까. 묘비며, 기념비며, 상패며, 훈장이 그런 것이다. 이런 것들이 존재하는 한은, 덧없는 물질을 지나간 세상을 그리워하게 하는 도구로 만들 뿐이다.

나는 떠난다. 나를 전하는 무언가가 남는다는 것은, 떠나는 나를 상처 입히는 매개물이 남는다는 뜻이지, 나라고 하는 그 자체가 남는 것이 아님을 잊은 사람이 하는 말이다. 미래의 세상에까지 반어를 전하며 물거품 같은 육신을 조롱하는 사람이 하는 짓이라고 생각한다.

나는 죽을 때 아무 말도 남기지 않겠다. 죽은 후에 묘비를 세우지 않겠다. 살은 태우고 뼈는 가루로 만들어 서풍이 세차게 부는 날 넓은 하늘을 향해 뿌려 달라고 하겠다고, 먼 미래를 생각하며 쓸데없는 걱정을 한다.

런던탑

생사

앞과 뒤를 잘라라. 쓸데없이 과거에 집착하지 말고 부질없이 미래에 희망을 두지 마라. 온 힘을 다해 현재를 살아라.

런던 소식

태어난 이상, 살아야 한다. 죽음을 두려워한다는 말은 하지 말고, 그저 살아야 한다. 살아야 한다는 것은 예수 공자 이전의 길이며, 또한 예수 공자 이후의 길이다. 어떤 도리도 필요하지 않고, 그저 살고 싶기 때문에 살아야 하는 것이다. 모든 사람은 살아야만 한다.

런던탑

자네, 약한 소리를 하면 안 돼. 나도 약한 남자이지만 약한 대로 죽을 때까지 해볼 것이네. 하고 싶지 않아도 하지 않으면 안 되겠지. 자네도 마찬가지네. 죽는 것도 좋겠지. 하지만 죽는 것보다는 아름다운 여자의 동정이라도 얻어서 죽을 마음이 사라지는 편이 좋지 않을까.

서간

삶이 있으면 죽음이 있다는 것은 예로부터 정해진 법칙이지만, 삶이 기쁘고 죽음이 슬프다는 것 또한 자연의 이치네. 사계절의 순환은 누구나 다 알고 있지만, 여름에는 더위를 느끼고 겨울에는 추위를 느끼는 것 역시 인간이 피할 수 없는 것이라면, 작게는 어머님을 위해 크게는 나라를 위해 자신을 아끼는 것이 바람직할 것이네. 비가 오지 않아도 비바람을 막을 준비를 한다는 옛사람의 명언을 생각한다면, 평소의 객기를 버리고 분별력을 갖기 바라네.

to live is the sole end of man!

서간

어차피 언제 죽을지 모르는 목숨이다. 뭐든지 목숨이 붙어 있을 때 해둬야 한다. 죽고 나서 아, 아쉽구나, 하고 무덤 속에서 후회해도 어찌할 수가 없다.

나는 고양이로소이다

인간은 언제 죽을지 모르니까. 뭐든지 하고 싶은 건 살아 있는 동안 해두는 게 제일 좋아.

마음

사람의 왕래가 드문 동네를 걷는 동안, 그는 자신에 대해서만 생각했다.

'너는 결국 뭘 하러 이 세상에 태어났는가.'

그의 머릿속 어디선가 이런 질문을 그에게 던지는 것이었다. 그는 거기에 대답하고 싶지 않았다. 가능한 한 답을 피하려고 했다. 그러자 그 목소리는 더한층 그를 추궁하기 시작했다. 몇 번이고 똑같은 질문을 반복하며 멈추지 않았다. 그는 마침내 소리를 질렀다.

"나도 몰라!"

한눈팔기

너는 거짓말이라고 생각할지 모르지만, 내 삶의 어느 부분을 어떤 조각으로 잘라서 본다 해도, 설령 그 조각의 길이가 1시간이든 30분이든 그것이 똑같은 운명을 지나가고 있기 때문에 두려운 거야. 말하자면, 나는 인간 전체의 불안을 나 한 사람에게 모으고, 그 불안을 순간순간 짧은 시간으로 졸여낸 공포를 경험하고 있는 거야.

행인

나는 뭘 하더라도 나만의 방식으로 하는 것이 나에 대한 의무이자 하늘과 부모에 대한 의무라고 생각하네. 하늘과 부모가 이런 인간으로 낳아준 이상, 이런 인간으로 살아가라는 의미라고밖에 달리 해석할 수 없네. 이런 인간으로 태어난 이상, 내 능력보다 더 나은 일이나 더 못한 일을 억지로 하려는 것은 하늘의 책임을 내가 짊어지고 고생하는 것이나 마찬가지라고 생각하네. 이 논리로 말하자면, 설령 부모와 다툼이 있다 해도 충분히 자기의 의무를 다하고 있는 것이네. 하늘의 뜻을 어긴다 해도 자신의 의무를 다하고 있는 것이네.

서간

이 세상에 태어나면서부터 하루하루 죽음을 향해 준비하는 것이 인간이라면, 피를 토하고 그 자리에서 죽었다 한들 놀라울 것도 없겠지만, 그래도 둘도 없는 목숨이기에 쓸 수 있는 만큼 쓰는 것이 이득이라고 생각해 의사의 충고를 따라서 열심히 건강을 챙기고 있습니다.

서간

지금까지 나는 나 자신이 얼마나 위대한지 시험해볼 기회가 없었다. 나 자신을 믿었던 적이 한 번도 없었다. 친구의 동정이나 선배의 정, 주변 사람들의 호의 등에 기대어 살아가려고만 했다. 앞으로는 절대 그런 것에 의지하지 않을 것이다. 처자식이나 친척들에게조차 의지하지 않겠다. 나는 나 혼자 갈 데까지 가서 그 끝이 다한 곳에서 죽을 것이다. 그렇지 않으면 진정한 삶의 의미를 알 수 없다. 보람이 없다. 살아 있는지 죽었는지 분명하지 않다. 내 삶은 하늘에서 받은 것이니 그 삶의 의의를 절실히 맛보지 않는다면 아까운 일이다. 돈을 모아서 그걸 지켜보기만 하는 것과 같다. 있는 돈을 쓰지 않는다면 돈을 이용했다고 말할 수 없는 것처럼, 하늘이 주신 생명을 있는 만큼 이용해, 자신이 정의라고 생각하는 곳으로 한 발짝이라도 더 내딛지 않는다면 하늘의 뜻을 헛되이 하는 것이다.

서간

불쾌함으로 가득한 인생을 터벅터벅 걸어가고 있는 나는, 언젠가는 나 스스로 한 번 다다르지 않으면 안 될 죽음이라는 경지에 대해 늘 생각하고 있다. 그리고 죽음은 삶보다는 편안한 것이라고만 믿고 있다. 어떤 때는 죽음이란 인간으로서 도달할 수 있는 가장 높은 상태라고 생각하기도 한다.

"죽음은 삶보다 귀중하다."

얼마 전에는 이런 말이 끊임없이 내 가슴속에 떠올랐다가 사라졌다가 했다.

하지만 현재의 나는 지금 이렇게 살아 있다. 나의 부모, 나의 조부모, 나의 증조부모, 그리고 하나하나 거슬러 올라가 백 년, 이백 년, 혹은 천 년, 만 년 동안 익숙해져 온 습관을 나 한 대(代)에서 해탈할 수는 없기에, 나는 의연히 이 삶에 집착하고 있는 것이다.

유리문 안에서

나는 의식이 삶의 전부라고 생각하지만 그것이 나의 전부라고는 생각하지 않네. 죽고 나서도 나 자신은 있네. 게다가 죽고 나서야 비로소 본래의 나 자신으로 돌아간다고 생각하네.

나는 지금 자살을 좋아하지는 않네. 아마도 살 수 있을 만큼 살아 있을 생각이네. 그리고 그렇게 살아 있는 동안은 보통의 인간들처럼 내가 가지고 태어난 약점을 발휘할 것이네. 그것이 삶이라고 생각하기 때문이네. 나는 삶의 고통을 싫어하지만, 또한 동시에 삶에서 죽음으로 무리하게 넘어가는 엄청난 고통을 가장 싫어한다네. 그렇기 때문에 자살은 하고 싶지 않네. 또한 내가 죽음을 택한다는 말은 비관이 아니라 염세관 때문이네. 비관과 염세는 자네도 구별할 수 있을 거라 생각하네. 나는 그것으로 사람을 움직이고 싶지는 않네.

서간

살아 있는 머리를 죽은 강의로 채워 넣으면 살 수가 없어. 밖으로 나가 바람을 넣는 거야.

산시로

처음에 의사에게 폐병이라는 말을 들었을 때는 이미 각오하고 있었기 때문에 새삼스레 놀랄 것도 없었네. 또 나는 죽음에 대해서도 아주 냉담한 생각을 갖고 있네. 각혈 따위에 신경 쓰지는 않지만 그래도 집안의 후사 등을 생각하면 조금은 걱정이네. 하지만 한편으로는 일단 이런 병에 걸린 만큼, 공명심도 정욕도 다 사라지고 담백하고 욕심 없는 군자가 되지나 않을까 조금은 희망을 품었는데, 그 뒤로 몸이 점점 건강해지고 의사도 큰 걱정은 없을 거라는 말을 들으니 타고난 속된 마음은 여전히 변하지 않고 예전 그대로인 걸 보니 어이가 없네.

서간

불혹의 나이를 넘기자마자 죽을 고비를 넘기고 겨우겨우 살아남은 나는 앞으로 언제까지 살 수 있을지 물론 알 수 없다. 생각건대, 하루를 살면 하루가 만족스럽고, 이틀을 살면 이틀이 만족스러울 것이다. 거기에다 머리를 쓸 수 있다면 더더욱 고맙다고 해야 할 것이다.

생각나는 것들

그 당시에는 그저 어두운 곳으로 가면 된다, 어떻게든 어두운 곳으로 가야만 한다고, 오로지 어두운 곳만을 목표로 걷기 시작했다. 지금 생각하면 어리석은 일이지만, 어떤 상황이 되면 죽음을 목표로 삼고 나아간다는 것이 그나마 위로가 된다는 것을 우리는 이해하게 된다. 다만 목표로 삼는 죽음은 반드시 멀리 있어야만 하는 것도 사실일 것이다. 적어도 나는 그렇게 생각한다. 너무 가까이 있으면 위로가 되기 어려운 것이 죽음이라고 하는 운명이다.

갱부

어떤 사람이 내게 "남이 죽는 건 당연하게 보여도 내가 죽는다는 건 도저히 생각할 수가 없습니다"라고 말한 적이 있다. 전쟁터에 나간 경험이 있는 남자에게 "그렇게 병사들이 줄줄이 쓰러지는 걸 보면서도 나만은 죽지 않는다고 생각할 수 있습니까?" 하고 물었더니 그 사람은 "그럴 수 있습니다. 사람은 대개 죽을 때까지는 죽지 않는다고 생각하겠지요" 하고 대답했다.

유리문 안에서

따스한 봄볕에 등을 쬐며 툇마루에서 꽃 그림자와 함께 뒹굴고 있는 것이 세상에서 가장 큰 즐거움이다. 생각을 하면, 바르지 않은 길로 떨어진다. 움직이면, 위험하다. 할 수만 있다면 코로 숨도 쉬고 싶지 않다. 다다미방에 뿌리를 내린 식물처럼 가만히 2주쯤 지내보고 싶다.

풀베개

또 정월이 왔다. 되돌아보면 과거가 마치 꿈처럼 보인다. 어느새 이렇게 나이를 먹었는지 신기할 정도다.

이 느낌이 조금 더 강해지면, 과거는 꿈으로밖에 존재하지 않게 된다. 완전한 무(無)가 되어버린다. 실제로 요즘의 나는 가끔 나 자신의 과거를 그저 무로서 바라볼 때가 있다. 언젠가 우에노에 전람회를 보러 갔을 때, 공원의 숲길을 걸으며, 나는 어떤 목적을 가지고 조금 전부터 걷고 있는데도 불구하고 아직 한 치도 움직이고 있지 않다는 생각이 들기도 했다.

점두록

예전에 이런 생각을 하던 때가 있었지. 올바른 사람이 오명을 얻고 죄를 뒤집어쓰는 것만큼 비참한 일은 없다고 말이네. 그런데 지금은 완전히 생각이 달라졌다네. 바라건대 그런 사람이 되어보고 싶네. 나무 기둥에 매여 발밑을 내려다보며, 온 세상을 상대로 이 바보 같은 놈들아, 하고 마음속으로 경멸하면서 죽고 싶네. 물론 나는 겁쟁이라서 진짜 나무 기둥에 매달려 창에 찔려 죽는 건 좀 무섭다네. 교수형 정도라면 기꺼이 바라겠네.

서간

여러분이 얼마나 강건한지 나는 모릅니다. 여러분 자신도 모릅니다. 오로지 세상과 후세가 증명해 줄 뿐입니다. 이상(理想)의 큰 길을 끝까지 가다가 도중에 쓰러져 죽는 그 순간에, 자신의 과거를 한번 슬쩍 보며 축약할 수 있을 때 비로소 이해할 수 있는 것입니다. 여러분은 여러분이 하는 일 그 자체로 전해져야만 합니다. 단지 여러분의 이름으로 전해지려고 하는 것은 경박한 것입니다.

태풍

저는 저에게 걸맞게, 제 몫만큼의 방침과 마음가짐으로 길을 닦을 생각입니다. 그런데 정신을 차려보니, 모든 것이 그에 미치지 않는 것뿐입니다. 일상의 모든 행동들이 허위로 가득합니다. 부끄러운 일입니다. 다음번에 만나 뵐 때는 좀 더 훌륭한 사람이 되어 있고 싶습니다.

서간

백 년이라는 나이는 경사스럽고 고마운 것이다. 하지만 좀 지루하겠지. 즐거움도 많겠지만 근심도 많을 것이다. 밍밍한 맥주를 매일 마시기보다는 혀가 탈 것 같은 알코올 반 방울을 맛보는 편이 덜 수고로운 법이다.

환영의 방패

느낌이 좋고 유쾌함이 많은 곳으로 가기보다는 느낌이 좋지 않고 유쾌함이 적은 곳에 머물면서 끝까지 싸워보고 싶네. 이건 결코 오기가 아니네. 그러지 않으면 사는 보람이 없을 것 같은 기분이 드네. 무엇을 위해 세상에 태어났는지 모르겠다는 기분이 드네.

서간

죽는 것은 괴롭다. 하지만 죽을 수가 없으면 더 괴롭다. 신경쇠약에 걸린 국민에게는 살아 있는 것이 죽는 것보다 더 큰 고통이다. 그렇기 때문에 죽음을 고민한다. 죽는 것이 싫어서 고민하는 것이 아니라, 어떻게 죽는 게 가장 좋을지 걱정하는 것이다.

나는 고양이로소이다

죽음은 만사의 끝이다. 또한 만사의 시작이다. 시(時)를 쌓아서 날(日)을 이루는 것도, 날을 쌓아서 달(月)을 이루는 것도, 달을 쌓아서 해(年)를 이루는 것도, 결국은 모든 것을 쌓아서 무덤을 이루는 것일 뿐이다. 무덤의 이쪽을 이루는 모든 다툼은, 살갗 한 겹의 담장에 가로막힌 업보에 따라, 바싹 마른 해골에 쓸데없는 인정의 기름을 붓고, 쓸모없는 시체에게 긴긴밤을 춤추게 하는 우스꽝스러운 일이다. 아득한 마음을 가지는 자는 아득한 나라를 그리워하라.

우미인초

나는 세상이란 엄청난 아수라장이라고 생각하네. 그리고 그 곳에서 장렬히 싸우다 죽든지 아니면 적을 항복시키든지 어느 쪽이든 해보고 싶네. 적이란, 나의 생각과 나의 주장과 나의 취미에서 볼 때 세상에 도움이 되지 않는 것을 말하네. 세상은 나 혼자의 힘으로는 어떻게 되지 않지. 그렇기 때문에 나는 싸워 죽을 각오를 하는 것이네. 죽는다 해도, 하늘이 주신 능력을 다하고 죽었다는 위안만 있으면 그걸로 충분하네.

서간

여러분 중에는 어디까지 걸어갈 생각이냐고 묻는 사람이 있을지도 모른다. 뻔한 것이다. 갈 수 있는 데까지 가는 것이 인생이다. 자신의 수명을 아는 사람은 아무도 없다. 자기 자신도 모르는 수명을 남이 알 리는 더더욱 없다. 의사를 가업으로 하는 전문가라도 인간의 수명을 예측할 수는 없다. 자신이 몇 살까지 살지는, 다 살고 난 후에야 비로소 말할 수 있는 것이다.

태풍

차츰차츰 편해진다. 괴로운 건지 고마운 건지 짐작이 가지 않는다. 물속에 있는 건지 방바닥에 있는 건지 확실치 않다. 어디에 있든 어떡하고 있든 상관없다. 그냥 편안하다. 아니, 편안함조차 느껴지지 않는다. 해와 달을 깎아내고, 하늘과 땅을 깨부수어 불가사의한 태평함 속으로 들어간다. 나는 죽는다. 죽어서 이 태평함을 얻는다. 태평함은 죽지 않고는 얻을 수 없다. 나무아미타불, 나무아미타불. 고맙구나, 고맙구나.

나는 고양이로소이다

예술

예술은 자기표현으로 시작해 자기표현으로 끝나는 것이다.

전람회와 예술

문학은 자기 취향의 표현이다.

문학론

문예는 기술도 아니고, 사무도 아니다. 인생의 근본적인 의미에 맞닿아 있는, 사회의 원동력이다.

산시로

시문학이 마음에 두어야 할 것은 독자의 감흥을 불러일으켜야 한다는 것이다.

문학론

연극은 인생의 재현이다. 인생보다 더 강한 재현이다.

문학론

소설은 복잡한 인생의 한 단면을 그리는 것이다. 한 단면조차도 결코 단순하지 않다. 그러나 그것을 대단히 뛰어난 경지로 그려냈을 때는 사물의 복잡함과 혼란함을 종합하여 하나의 철학적 이치를 설명하기에 충분하다.

나는 엘리엇의 소설을 읽고 타고난 악인은 없다는 것을 알았다. 또한 죄 짓는 사람을 용서해야 하고 가엾게 여겨야 한다는 것을 알았다. 나의 몸짓 하나하나가 나의 운명과 관계있다는 것도 알았다. 새커리의 소설을 읽고 정직한 사람의 어리석음을 알았다. 교활하고 간사한 자들이 세상에서 귀하게 대접받는다는 것도 알았다. 브론테의 소설을 읽고 사람에게는 서로 감응하는 힘이 있다는 것을 알았다.

인생

번즈는 시를 지으며 강가를 거닐었다. 때로는 신음하고 때로는 낮은 목소리로 읊조리다가 또 어떨 때는 갑자기 큰 소리로 노래를 부르며 흐느껴 울기도 했다. 서양인들은 이런 종류의 행위를 '영감'이라고 부른다. '영감'이란 인간의 의지인가, 하늘의 뜻인가.

인생

대체로 소설에는 배경을 서술하는 것도 있고, 품성을 묘사하는 것도 있으며, 심리적 해부를 시도하는 것도 있고, 인생을 직관적으로 꿰뚫어보는 것도 있다. 이 네 가지는 각각의 방향으로 우리에게 가르침을 준다. 하지만 인생은 심리적 해부로 결론지을 수도 없고, 직관만으로 꿰뚫어 볼 수 있는 것도 아니다. 나는 이러한 것들 외에 인생에는 일종의 불가사의한 것이 존재해야 한다고 믿는다.

인생

예술가는 조물주다. 조물주인 이상은 비평가가 예상하는 것만 만들지는 않는다. 갑자기 전대미문의 작품을 툭 던져놓고 비평가의 뇌를 사로잡을 때가 있다.

작품의 비평

예술적 충동과 호의는 반드시 일치하지는 않는다. 호의는 있지만 예술적 충동이 없는 경우는 아무리 호의로 가득하다 해도 좋은 작품을 쓰거나 그릴 수가 없다.

일기 및 단상

자연에게 의존하지 않고, 그 그림자라고 볼 수 있는 제2의 자연을 스스로 만들어내는 것 또한 예술가이다. 자연을 모사하는 예술가가 자연에 대해 함부로 노비의 감정을 품지 않고, 늘 어딘지 모르게 작은 신과 같은 기개를 갖고 있는 것은 바로 이 때문이다.

우리가 가진 자의식의 요구는 단지 이것에만 머무르지 않는다. 우리는 성실하게 자연을 묘사한다고 말하지만, 그 묘사는 결국 자신이 본 자연을 벗어날 수가 없다. 자연을 그린다고 말하지만, 늘 자연의 그림자를 그리고 있다. 그뿐 아니라 개성이 조금 강한 사람이라면 더 나아가 자신의 뇌리에 새겨진 독특한 색채를 발휘하려고 애쓴다. 그렇기 때문에 그들의 노력은 자연을 재현하는 것이 아니라, 자신의 머릿속에 떠오른 일종의 자연을 그리려고 하는 것이다. 자연의 특색을 그리려고 하는 동시에 자기 자신의 특색을 그리려고 한다. 예술은 거기서 한 발 더 자연에서 벗어나 인간에게 다가간다. 아니, 오히려 자기 자신에게 더 다가간다. 묘한 의미에서 자연으로부터 독립하는 것이다.

자연을 벗어나려는 예술

한 치도 다름없이 자연을 묘사하기는 불가능할 뿐더러, 설령 그랬다고 해도 그리 큰 가치도 없을 것이다. 그 증거로, 풍경 등을 묘사한 문장을 읽으며 자세히 살펴보면, 상당한 명문 중에도 앞에서는 서쪽인 것이 뒤에서는 동쪽으로 나와 있는 등 모순이 종종 있지만, 그것을 붙들고 토론하거나 공격한 사람이 있다는 말은 듣지 못했다. 요컨대, 자연이든 사물이든, 그것을 묘사할 때는 그것을 떠올릴 수 있을 만큼의 핵심을 붙잡을 수 있으면 그것으로 족하며, 아무리 세밀해도 재미가 없으면 아무것도 아닌 것이다.

자연을 묘사하는 문장

자연은 당연히 예술가를 위해 존재하는 것이 아니다. 하지만 자연 속에서 예술을 발견하는 것은 예술가이다.

자연을 벗어나려는 예술

소설은 자연을 다듬는 것이다. 자연 그 자체는 소설이 되지 않는다.

우미인초

그림이라는 것도, 시라는 것도, 또 연극이라는 것도, 그 비참함 속에 담긴 쾌감의 다른 이름일 뿐이다. 이 정취를 이해할 수 있어야만 비로소 우리의 행동은 장렬해지기도 하고, 우아해지기도 하며, 모든 괴로움을 이겨내고 가슴속 한 점 최상의 미감을 만족시키고 싶어진다. 육체의 고통을 안중에 두지 않고, 물질적인 불편을 개의치 않으며, 용맹정진하는 마음으로 사람의 도리를 위해 끓는 솥에 빠지는 형벌을 받는 것도 기쁘게 여긴다. 만약 인정이라는 좁은 기반 위에서 예술을 정의할 수 있다면, 예술이란, 우리들 교육 받은 자들의 가슴속에 숨어들어, 그릇된 것을 피하고 바른길을 택하고, 굽은 것을 물리치고 곧은 것의 편이 되며, 약한 자를 돕고 강한 자를 꺾지 않으면 도저히 참을 수 없다는 일념의 결정(結晶)으로서, 찬란히 빛을 반사하는 것이다.

풀베개

보통의 그림은 느낌은 없어도 물체만 있으면 그릴 수 있다. 두 번째 유형의 그림은 물체와 느낌이 양립하면 그릴 수 있다. 세 번째 유형의 그림에 이르면, 존재하는 것은 오로지 마음뿐이기에, 그림으로 그리려면 반드시 그 마음에 맞는 대상을 선택해야 한다. 하지만 그 대상은 쉽게 나오지 않는다. 나온다 해도 쉽게 완성되지 않는다. 완성했다 해도 자연계에 존재하는 것과는 정취가 완전히 다른 경우가 있다. 그래서 보통 사람이 보면 그림으로 받아들일 수가 없다. 그림을 그린 본인도 자연계의 일부가 재현된 것이라고는 인정하지 않고, 그저 감흥을 받은 그 순간의 마음을 얼마간이라도 전하여, 약간의 생명을 어렴풋한 분위기로 보여준다면 대성공이라고 생각한다. 예로부터 이 힘든 작업에서 완전한 업적을 이룬 화가가 있는지 없는지는 모르겠다.

풀베개

옮겨 살 수도 없는 세상이 살기 어렵다면, 살기 어려운 세상을 어느 정도 느긋하게 받아들이고, 짧은 목숨을 잠깐이나마 살기 편하게 만들어야 한다. 그리하여 시인이라는 천직이 생기고, 화가라는 사명이 내려진다. 모든 예술가는 인간 세상을 한가롭게 하고 인간의 마음을 풍요롭게 하기에 고귀하다.

풀베개

세상에는 있지도 않은 실연을 만들어내, 스스로 억지로 번민하며 유쾌함을 탐하는 사람이 있다. 보통 사람들은 이를 평하여 어리석다고 하고 미치광이라고 한다. 하지만 스스로 불행의 윤곽을 그려 기꺼이 그 안에서 살아가는 것은, 스스로 있지도 않은 산수를 그려 그 별천지에서 기뻐하는 것과, 예술적 기반을 얻은 점에서는 완전히 같다고 할 수밖에 없다. 그 점에서 보면, 세상의 많은 예술가는 (보통 사람으로서는 어떨지 모르겠지만) 예술가로서는 보통 사람들보다 어리석고 미치광이다.

풀베개

사각의 세계에서, 상식이라는 이름이 붙은 한쪽 모서리를 깎아내어, 삼각의 세계에서 살아가는 이를 예술가라고 불러도 좋을 것이다.

풀베개

시인은 자신의 사체를 스스로 해부하여 그 병의 증상을 세상에 발표할 의무를 가지고 있다.

풀베개

시인은 보통 사람보다 근심이 많은 성격이고, 평범한 사람보다 갑절은 신경이 예민한지도 모르겠다. 세속을 초월한 기쁨도 있겠지만, 헤아릴 수 없는 슬픔도 많을 것이다. 그렇다면 시인이 되는 것도 생각해볼 일이다.

풀베개

갈탕(葛湯)을 끓일 때, 처음에는 사락사락 젓가락에 걸리는 느낌이 없다. 그렇게 참고 젓다 보면 이윽고 점성이 생겨, 휘젓는 손이 조금 무거워진다. 그래도 상관없이 계속 젓가락을 쉬지 않고 저으면, 이제는 저을 수가 없게 된다. 끝내는 냄비 안의 칡가루가, 원하지 않아도, 제 쪽에서 앞다투어 젓가락에 달라붙는다. 시를 짓는다는 것은 바로 그런 것이다.

풀베개

아무리 걸작이라도, 인정을 벗어난 연극은 없고, 시비(是非)를 초월한 소설은 드물 것이다.

풀베개

신선은 흐르는 안개를 마시고 아침 이슬을 들이킨다. 시인의 음식은 상상이다. 아름다운 상상에 잠기기 위해서는 여유가 있어야 한다. 아름다운 상상을 실현하기 위해서는 재산이 있어야 한다. 20세기의 시적 정취와 겐로쿠 시대의 풍류는 다른 것이다.

우미인초

시인만큼 돈이 안 되는 장사도 없다. 동시에 시인만큼 돈이 드는 장사도 없다. 문명의 시인은 반드시 남의 돈으로 시를 짓고 남의 돈으로 미적 생활을 보내야만 한다는 말이다.

우미인초

멍함과 천진함은 여유를 나타낸다. 여유는 그림에서, 시에서, 또는 문장에서 필수 조건이다. 이 시대 예술의 가장 큰 폐해는 소위 문명의 조류가 쓸데없이 예술가를 몰아붙여 온갖 일에 얽매이고 안달하게 하는 데에 있다.

풀베개

기교가 극에 달했을 때, 보는 이를 강요하는 것을 사람들은 추하다고 한다. 아름다운 것을 더더욱 아름답게 하려고 안달할 때, 아름다운 것은 오히려 그 정도가 줄어드는 법이다. 인간사에 있어서도 차면 기운다는 속담은 바로 그 때문이다.

풀베개

하이쿠에 진보는 없을 것이다. 단지 변화할 뿐이다. 아무리 복잡하게 해도, 잡화점처럼 잡다하게 늘어놓을 수는 없다. 일본의 의복이 간편한 것처럼, 일본의 가옥이 간편한 것처럼, 하이쿠 역시 간편한 것이다.

서양에 없는 하이쿠의 맛

정리되지 않은 사실을 사실 그대로 기록했을 뿐이다. 소설처럼 꾸며낸 것이 아니기 때문에 소설처럼 재미는 없다. 그 대신 소설보다 신비롭다. 전부 운명이 각색한 자연의 사실은, 인간의 구상으로 만들어낸 소설보다 더 법칙이 없다. 그래서 신비롭다.

갱부

지금의 세상은 개인주의의 세상이다. 적어도 개인주의에 치우쳐 발전하는 것이 문명의 대세이다. 그런 사회에서 태어나서, 친구를 만들 때 자신과 기질이 비슷한 사람만 친구로 삼겠다는 기준으로는 사람을 사귈 수 없는 것과 마찬가지로, 개성을 발휘해야 하는 예술을 비평할 때, 자신의 범위 안에서 몸을 옴츠린 채 자기와 같은 취향의 사람만을 선택하겠다는 정신으로는 심사를 할 수 없다. 식견을 가진 사람이라면, 자기와 비슷한 사람 대신에, 자기와 먼 사람, 자기에게 반대하는 사람, 적어도 자기 이외의 세상을 개척한 사람에게 관심을 기울이고, 빈궁한 자신의 취미에 자극을 주고, 익어서 짓무른 자신의 예술관을 계발해야 한다. 요약해서 말하면, 같은 종류가 서로를 요구하는 구태를 버리는 동시에, 다른 종류가 서로를 돕는 새로운 마음을 열고 비판의 자리에 서는 자만이 지금 이 시대에 순응하는 식견 있는 사람일 것이다.

전람회와 예술

정서는 문학의 핵심이고, 도덕은 일종의 정서이다.

문학론

예술의 처음이자 마지막 목표는 타인과는 아무런 관계가 없다는 것이다. 부모 자식과 형제자매는 물론 넓은 사회나 세상과도 독립된 완전히 각자의 개인적인 작용과 노력일 뿐이라는 것이다. 타인을 목적으로 쓰거나 그리는 것이 아니라, 쓰고 싶고 그리고 싶다는 내 기분이 표현 행위로 만족을 얻는 것이다. 바로 거기에 예술이 존재한다고 나는 주장하는 것이다.

따라서 순수한 의미로 말하면, 예술가는 도덕적이든 미적이든 자신의 작품이 타인에게 미치는 영향을 고려해서는 안 된다. 그것을 고려할 때, 그들은 한편으로 예술가 이외의 자격을 얻을지는 몰라도, 예술가로서는 이미 불순한 지위로 타락해버렸다고 자각해야 하는 것이다.

전람회와 예술

처음부터 끝까지 자기 자신과 함께하지 못하는 예술은 자신에게 있어 공허한 예술이다.

전람회와 예술

우리는 글을 쓸 때 늘 조금은 주변을 살피며 타락적인 태도로 일하는 경우가 많다. 그중에서도 더없이 순수한 경계에서 우리를 유혹하려는 가장 권위 있는 악마는 바로 타인의 평가다. 이 악마에게 더럽혀진 순간 우리는 순식간에 자기를 잃어버린다. 그리고 마치 우상 숭배자처럼 비루한 태도와 심정으로 추한 아첨을 타인에게 팔려고 한다. 늘 불안한 눈빛을 번뜩이며 공허한 배를 끌어안고 몸부림쳐야 한다.

전람회와 예술

자기를 표현하는 고통은 자신을 채찍질하는 고통이다. 극복하든 쓰러지든 모든 것은 자신의 힘에서 비롯된 결과다. 지쳐 쓰러지거나 미완성에 대해 불만을 느끼는 경우를 제외하면, 작품의 완성도에 대한 최종적 권위가 자신에게 있다는 신념에 지배되어, 자연이 허락하는 한의 모든 힘이 발휘된다. 그것이 바로 예술가의 강점이다. 즉, 존재이다.

전람회와 예술

미술가의 평에 따르면, 그리스 조각의 이상(理想)은 '단숙(端肅)'이라는 두 글자로 귀결된다고 한다. '단숙'이란 인간의 활력이 움직이려고 하면서도 아직은 움직이지 않는 모습일 것이다. 움직이면 어떻게 변할지, 풍운일지 천둥일지 분간할 수 없는 데서 아득한 여운이 존재하기 때문에, 함축의 정취를 백 대 후에 전할 수 있는 것이리라. 세상의 수많은 존엄과 위엄은 이 고요히 정체된 가능의 힘 뒷면에 숨어 있다.

풀베개

어쩌다 예술을 좋아하는 사람이 자신이 좋아하는 예술을 직업으로 삼는 경우에서조차 그 예술이 직업이 되는 순간, 진정한 정신생활은 이미 더럽혀져 버리는 것이 당연하다. 예술가로서의 그는 자신이 열중할 수 있는 작품을 마음이 내켜서 만들려고 하는 데에 반해, 직업가로서의 그는 평판이 좋은 것, 많이 팔리는 것을 내놓지 않으면 안 되기 때문이다.

생각나는 것들

발로 밟고 있는 것이 땅이라고 생각하기에, 갈라지지는 않을까 걱정도 된다. 머리에 이고 있는 것이 하늘임을 알기에, 번개가 관자놀이에 떨어질까 두려움도 생긴다. 남과 싸우지 않으면 체면이 서지 않는다고 세상이 다그치니, 번뇌의 고통에서 벗어날 수 없다. 좌우가 있는 세상에 살면서 이해(利害)의 밧줄 위를 건너야만 하는 처지에는, 현실의 사랑은 원수(怨讎)다. 눈에 보이는 부(富)는 흙이다. 움켜쥔 명성과 빼앗은 명예란, 교활한 벌이 달콤하게 만드는 척하면서 그 안에 벌침을 남겨두고 가버린 꿀과 같은 것이리라. 흔히 말하는 즐거움은 사물에 대한 집착에서 생기기 때문에 온갖 괴로움을 품고 있다. 오로지 시인과 화가라는 사람만이, 이런 이원적 대립의 세계의 본질을 이해하고, 골수에 스미는 맑음을 아는 것이다.

풀베개

우리가 가진 예술의 취향 중 가장 평등하고 원만하며, 또한 거의 누구를 막론하고 발달한 것이라면 아마도 이성에 대한 미추의 판단일 것이다.

전람회와 예술

취미는 인간에게 소중한 것이다. 악기를 부수는 자는 사회에게서 음악을 뺏는다는 점에서 죄인이다. 책을 불태우는 자는 사회에게서 학문을 뺏는다는 점에서 죄인이다. 취미를 무너뜨리는 자는 사회 그 자체를 뒤엎는다는 점에서 형법에 따른 죄인보다 더한 죄인이다.

음악이 없어도 우리는 살아가고, 학문이 없어도 우리는 살아간다. 취미가 없어도 살아갈 수 있을지 모른다. 그러나 취미란 생활 전체에 퍼져 있는 사회의 근본 요소다. 취미 없이 살아간다는 것은 들판에서 호랑이와 함께 살아가려는 것과 다를 바가 없다.

태풍

문예는 법칙에 의해 지배되어서는 안 됩니다. 문예는 개성적입니다. 문예는 자유입니다.

무제

문학가는 향이 없는 것에 향을 더하고, 형태가 없는 것에 형태를 준다.

문학론

예로부터 위대한 예술가는 대부분 이미 만들어진 것을 지키는 사람이라기보다 새로운 것을 만든 사람이다. 새로운 것을 만드는 사람인 이상, 그 사람은 프로가 아니고 아마추어여야만 한다.

아마추어와 프로

어떤 사물을 관찰할 때 가장 먼저 눈에 들어오는 것은 윤곽이다. 다음은 부분, 그리고 또 다른 부분과 세세한 곳이 눈에 들어온다. 그런데 부분이 선명해짐에 따라, 근본인 윤곽이 사라진다. 그저 세세하게 조각내기만 하면 자신이 대단히 진보한 사람이라고 생각하는 것 같다.

아마추어와 프로

남이 세운 문을 지나가는 것이 아니고 자신이 새로운 문을 세우는 이상, 순수한 아마추어가 되어야만 한다.

아마추어와 프로

나는 모방이 결코 나쁘다고는 생각하지 않는다. 아무리 독창적인 사람이라도, 남들과 떨어지고, 자신과도 떨어져 스스로 새로운 길을 갈 수 있는 사람은 아무도 없다. 화가의 그림을 보더라도 그렇게 늘 새로운 그림만 그릴 수 있는 사람은 없다.

모방과 독립

아무리 독창적인 사람이라 할지라도 남에게서 벗어나, 또한 자신에게서 벗어나, 스스로 새로운 길을 갈 수 있는 사람은 아무도 없다.

모방과 독립

교훈적 의미를 예술적 작품을 통해 얻을 필요는 없다고 말하지만, 그것은 교훈을 위해 작품의 가치를 왜곡하면 안 된다는 의미로, 자연스러운 작품 속에서 저절로 교훈이 드러나는 것이라면 전혀 문제가 없다고 생각한다. 그래서 모든 문예 작품은 어떤 의미에서는, 반드시 일종의 교훈을 가지고 오는 것이라고 나는 믿는다.

내가 그리려는 작품

대체로 문학적 내용의 형식은 (F+f)가 되어야 한다. F는 초점이 되는 인상 또는 관념을 의미하고, f는 그에 따르는 정서를 의미한다. 위의 공식은 인상 또는 관념의 두 가지 측면, 즉 인식적 요소(F)와 정서적 요소(f)의 결합을 나타낸 것이라고 할 수 있다.

문학론

일반적인 케이스는 사람이 하는 일에 거의 적용할 수 없다. 사람이 하는 일은 특별한 케이스이다. 그 특별한 케이스를 아는 것은 본인뿐이다. 소설은 그 특별한 케이스를 일반적인 케이스에 적용하여 보여주는 것이다. 특별하기 때문에 자극적이고, 일반적이기 때문에 수긍할 수 있다.

일기 및 단상

문학의 어떤 부분은 분명 단순한 요소에서 이루어진다. 게다가 그 단순한 요소가 묘한 시가 되고 묘한 문장이 되기도 한다. 하지만 단순한 것에는 변화가 부족하다. 변화가 부족하면 사람들은 지루해한다.

문학 평론

눈에 보이는 것은 형태다. 귀에 들리는 것은 소리다. 형태와 소리는 사물의 본체가 아니다. 사물의 본체를 깨닫지 못하는 자에게는 형태도 소리도 무의미하다. 무언가를 그 본체 안에서 붙잡았을 때, 형태도 소리도 모두 새로운 형태와 소리가 된다. 그것이 상징이다. 상징이란 본래, 비어 있는 것의 불가사의함을 눈으로 보고 귀로 듣기 위한 방편이다.

우미인초

세상 사람들은 그때 그 자리에서 글로 쓴 경험이 가장 정확하다고 생각하지만, 그것은 큰 착각이다. 지금 현재의 사정이라는 것은 순간적 객기에 휘둘려 어처구니없는 오류를 전하기 쉬운 법이다.

갱부

나는 개개의 인간이 개개의 인간에게 주어진 운명이나 생활을 있는 그대로 쓴 것이 작품이라고 생각합니다.

서간

실제로 지금까지의 문학 비평가나 역사가라고 하는 이들을 보아도 제대로 된 이는 하나도 없다. 소위 메모나 비망록 같은 것을 적당히 이어 붙인 것에 지나지 않는다. 나는 세상 사람들이 그것에 만족하고, 작가도 그것에 만족한다는 것이 이상하다는 생각이 든다.

문학 평론

경험이 뒷받침되지 않은 형식은 아무리 머릿속에서 완비되어 있다고 인정받더라도 불완전한 느낌을 준다.

내용과 형식

세상에는 완전히 똑같은 일은 절대로 다시 일어나지 않는다. 과학에서는 어떨지 모르겠지만, 정신세계에서는 완전히 똑같은 것이 두 번 일어나지는 않는다. 따라서 아무리 옛 모습을 지키려고 해도 완전히 똑같은 옛날로는 돌아갈 수 없다. 그렇다면 옛것으로 돌아가지 않고 새롭게 출발하는 것이 또 다른 하나의 길일 것이다. 그렇게 함으로써 본질적인 개성을 발휘할 수 있다.

무제

아이는 자주 우는 법이다. 아이가 울 때마다 함께 우는 부모는 미치광이다. 부모와 아이는 입장이 다르다. 같은 평면 위에 서서 같은 정도의 감정에 지배된다면, 아이가 울 때마다 부모도 울 수밖에 없다. 보통의 소설가가 이런 사람이다. 그들은 주변의 인간을 자기와 같은 정도의 사람으로 여기고 복잡한 사회 일에 자기 자신도 함께 옥신각신하며, 어디까지나 그 사회의 일원이라는 태도로 글을 쓴다. 그렇기 때문에 옆집의 아가씨가 우는 것을 쓸 때는 자신도 울고 있다. 자신이 울면서 울고 있는 사람을 서술하는 것과, 자신은 울지 않은 채 울고 있는 사람을 들여다보는 것은 제목은 같을지라도 그 정신은 크게 다르다. 사생문의 작가는 울지 않고 타인이 우는 것을 쓰는 사람이다.

사생문

원래 진부한 진리는 살아남기 쉬운 경향을 갖고 있다. 살아남았다는 것은 그것이 진귀해서 보존되었다는 것이 아니다. 사실은 흔한 것이기 때문에 살아남은 것이다. 진부함이란 달리 말하면 평범하다는 것이다. 또한 영구적이라는 의미이기도 하다.

문학 평론

학문은 줄타기나 접시돌리기와는 다르다. 기예를 익히는 것은 마지막의 일이다. 인간이 완성되는 것이 목적이다. 대소를 구별하고, 경중의 차이를 알고, 호오를 판단하고, 선악의 경계를 깨닫고, 현명함과 어리석음, 참과 거짓, 옳고 그름을 올바르게 판별하는 사람으로 완성되는 것이 목적이다.

태풍

학문을 한 사람, 이치를 깨우친 사람은 부자가 돈의 힘으로 세상에 이익을 주는 것과 마찬가지의 의미로, 학문과 이치로써 사회에 행복을 주는 것이다.

태풍

학문, 즉 사물의 이치를 깨우치는 것과 생활의 자유, 즉 돈이 있다는 것은 서로 독립적이며 관계없는 것이다. 그렇기는커녕 오히려 그 반대이다.

일기 및 단상

인생은 문학이다.

다른 학문에서는 학문을 방해하는 것이 적다. 가난, 바쁨, 압박, 불행, 비참, 불화, 싸움 등등. 그렇기 때문에 다른 학문을 하는 사람은 그것들을 피해서 시간과 마음에 여유를 얻으려고 한다.

문학가도 지금까지는 그렇게 생각했다. 그렇게 생각만 한 것이 아니다. 모든 학문하는 사람 중에서 문학가가 가장 느긋하게 세월을 보내야 한다고 생각했다. 나 역시 그런 마음인 것 같다.

그러나 그것은 잘못된 생각이다. 문학은 인생 그 자체다. 고통과 비참함, 인생에서 마주치는 모든 것이 문학이다. 다른 학문은 가능한 한 피하려고 하지만, 문학은 그와는 달리 제 발로 그 속으로 뛰어들어야 하는 것이다.

일기 및 단상

어떻게 하면 학문으로 돈을 벌 수 있을까라는 질문만큼 바보 같은 것은 없다. 학문은 학자가 되는 것이다. 돈이 되는 것이 아니다. 학문으로 돈을 벌 궁리를 하는 것은 북극에 가서 호랑이를 사냥하는 것과 같다.

태풍

문장의 생명은 정취이다. 문장에 정취가 없다는 것은 햇볕이 차갑다는 것과 마찬가지다.

《메추리 바구니》 서문

내 생각에 세상에서 가장 귀한 것이라면 사랑과 아름다움보다 귀한 것은 없다고 생각합니다. 우리를 위로하고, 우리를 완전하게 하고, 우리를 행복하게 하는 것은 오로지 이 두 가지 덕분입니다. 우리의 감정을 아름답게 하고, 품성을 고결하게 하고, 동정심을 수양하게 하는 것은 오로지 이 두 가지 덕분입니다. 그래서 나는 언제 어느 세상에서 태어난다 해도 이 두 가지를 잊을 수가 없습니다. 이 두 가지가 현실 세계에 나타날 때, 사랑은 부부라는 관계가 됩니다. 아름다움은 시가와 음악의 형식으로 나뉘게 됩니다. 그렇기 때문에 적어도 인류가 지구상에 존재하는 한, 부부와 예술은 결코 사라지지 않을 것이라고 생각합니다.

나는 고양이로소이다

작가

붓을 쥐고 쓰려고 하면 쓸 거리는 한없이 많은 것 같기도 하고, 이걸로 할까 저걸로 할까 망설이기 시작하면 이제 뭘 써도 시시하겠다는 태평한 생각도 들었다. 잠시 그곳에 멈춰 서 있으니, 이번에는 지금까지 쓴 것들이 완전히 무의미한 것처럼 여겨지기 시작했다.

유리문 안에서

소설이 좀처럼 써지지 않는다. 하지만 이것이 나의 본업이라고 생각하면 아무리 시간이 걸려도 상관없다는 생각이 든다. 날씨가 덥거나 말거나 나는 내 본업에 힘을 다하고 있기에 불쾌한 것은 없다.

일기 및 단상

저는 십 년 계획으로 적을 무찌를 작정이었습니다만, 요즘 들어 그건 너무 급하게 정한 것 같다는 생각이 들어 백 년 계획으로 바꾸었습니다. 백 년 계획이라면 괜찮습니다. 누가 오더라도 지지 않을 것입니다.

서간

나는 열대여섯 살 무렵에 한문 서적이나 소설 등을 읽고 문학이라는 것을 재미있다고 느꼈고, 나도 해보고 싶다는 생각이 들었다. 돌아가신 형에게 그렇게 말하니, 형은 문학은 직업이 될 수 없고 성취일 뿐이라며 오히려 나를 꾸짖었다. 하지만 잘 생각해보니, 나는 무언가 흥미를 가질 수 있는 직업에 종사해보고 싶었다. 또한 동시에 그 일은 세상에 필요한 것이어야만 했다.

담화

저는 다양한 글을 썼습니다. 제가 글을 쓰기 시작한 지 이제 10년이 좀 넘습니다. 지금에 와서 되돌아보니 예술적인 의미에서 모조리 고쳐 쓰고 싶은 것이 아주 많습니다. 절판하고 싶은 것도 있습니다. 하지만 그 창피함은 예술상의 창피함이지 도덕상의 창피함이 아니기 때문에 그냥 참고 있는 것입니다. 당신에게 이런저런 말을 들으니 너무도 과분한 마음이 듭니다.

서간

《문》이 나왔을 때부터 오늘까지 제게 무슨 말이든 해주는 사람이 한 명도 없었습니다. 저는 요즘 고독이라는 것에 익숙해져 예술적 공감을 얻지 못해도 그럭저럭 살아갈 수 있게 되었습니다. 그래서 제 작품에 대해 칭찬하는 소리 같은 것은 전혀 예상하지 않았습니다. 하지만《문》의 일부분이 당신에게 읽히고, 또 당신의 마음을 움직였다는 것을 당신의 입으로 들으니 기쁜 만족감이 솟아납니다.

서간

소생의 문장을 두세 줄이라도 읽어주는 사람이 있다면 고마울 것입니다. 재미있다고 말하는 사람이 있다면 기쁠 것입니다. 만약 감탄한다고 말하는 사람이 있다면 대단히 유쾌할 것입니다. 이 유쾌함은 엄청난 부자가 된 것보다, 대학자라는 말을 듣는 것보다, 교수나 박사가 되는 것보다 훨씬 유쾌합니다.

서간

신의 양심에 부끄럽지 않도록 권선징악을 쓰고 싶습니다. 세상의 도덕에 반하는 것을 쓸 수도 있고, 또는 도덕이 정하는 대로 쓸 수도 있고, 세상의 도덕을 옳다고 느끼는 동시에 그것을 깨부수는 것도 소리 높여 말할 가치가 있다고 쓸 수도 있습니다. 말하자면 자신의 식견에 위배되지 않도록 쓰고 싶습니다. 그러나 그 식견은 깊이 생각하고 깊이 수양하고 깊이 읽고 또는 깊이 품어서 생기는 것이기 때문에 문학가, 특히 이런 종류의 소설가는 두뇌 수양을 게을리해서는 안 된다고 생각합니다. 입센은 그 자신이 입센이고 톨스토이는 그 자신이 톨스토이로, 그들이 가지는 도덕상의 옳고 그름은 분명히 일종의 권선징악주의가 되어서 그 작품 속에 나타나 있습니다. 식견이 없는 작품은 그런 점에서 보면 가치가 없습니다. 바꿔 말하면 일종의 인생관이 정리되어 나타나지 않은 작품은 다른 부분에서 아무리 성공을 거둔다 해도 부족하다고 말할 수 있습니다.

문학담

만약 문학가가 되고 싶다면 그저 막연히 나이를 먹어서는 안 되네. 문학가로서 나이를 먹어야 하네.

서간

내가 문학을 직업이라고 말하는 것은, 남을 위해서, 즉 자기를 버리고 세상의 기분에 맞춰줄 수 있었던 결과로서의 직업이라고 보기보다는, 나 자신을 위한 결과, 즉 자연스러운 예술적 마음이 발현한 결과가 우연히 남을 위하게 되었고, 남의 마음에 든 만큼의 보수가 물질적으로 나 자신에게 돌아왔다고 보는 것이 사실일 것입니다. 만약 이것이 처음부터 남을 위해서만 하는 일이고, 근본적으로 나를 굽히고서야 비로소 존재할 수 있다고 한다면, 나는 단호히 문학을 그만두어야 할지도 모릅니다. 다행히 나 자신을 본위로 한 취미나 비평 등이 우연히도 여러분이 좋아해주고, 좋아한 사람이 읽어주고, 좋아한 사람이 적어도 물질적 보수(혹은 감사의 말도 좋습니다)를 주었기 때문에 지금까지 계속해온 것입니다. 아무리 생각해도 우연의 결과입니다. 만약 이 우연이 무너지는 날에는 어느 쪽을 본위로 할 것인가. 그것이 나 자신을 본위로 하지 않으면 내가 보기에 쓸모없는 작품이 됩니다. 나뿐만 아니라 예술가라면 누구나 그렇게 생각하겠지요.

도락과 직업

소설을 쓰는 사람이 갖춰야 할 자격 중 가장 중요한 것은 인간의 행위와 행동(그것은 대부분 도덕과 관계가 있습니다)을 어떻게 해석할지에 대한 기반을 세우는 것이라고 생각합니다. 그렇기 때문에 학문이 없으면 안 됩니다. 학문이 없다면 식견이 있어야 합니다. 어렵게 말하면 인생관이라는 것이 필요합니다.

문학담

세상 사람들은 소설가를 교사나 관리나 상인들처럼 단순히 직업의 하나라고 생각합니다. 상호 도덕상의 교섭과 문제에 대해서 자신이 소설가와 같은 수준의 판단력을 가졌다고 생각합니다. 그것은 그렇지 않습니다. 소설가 자신도 그렇게 안이하게 생각해서는 안 됩니다.

학문은 교사에게 물어야 하고, 사무는 관리에게 맡겨야 하고, 돈벌이는 상인에게 맡겨야 한다는 것을 안다면, 우리가 세상에 세워야 할 기반, 도덕과 의무 문제의 해결, 서로의 갈등에 대한 비평, 그 모든 것들은 소설가의 의견을 듣고 참고로 해야 합니다. 소설가도 그런 각오가 없으면 안 됩니다.

문학담

추워서 손이 곱아 아직 일할 기분이 나지 않는다. 사실 일거리는 산더미처럼 있다. 내 원고 한 회분을 써야 한다. 또 어떤 모르는 청년에게 부탁받은 단편 소설 두세 편을 읽을 의무가 잇다. 어느 잡지에 어떤 사람의 작품을 편지와 함께 소개하겠다고 약속한 것이 있다. 지난 두세 달 동안 읽어야 했는데 읽지 못한 책이 책상 옆에 쌓여 있다. 요 일주일 동안은 일을 좀 하려고 책상 앞에 앉으면 사람이 찾아온다. 그리고 하나같이 뭔가 상담거리를 가져온다. 거기다가 위장까지 아프다. 그렇게 생각하면 오늘은 다행이다. 그런데 아무리 생각해도 춥고 귀찮아서 화로에서 손을 뗄 수가 없다.

긴 봄날의 소품

자신 있는 작품이 무엇이냐고 제게 물으신다면 참으로 곤란합니다. 이것은 겸손이니 뭐니 하는 것이 아닙니다. 그렇게 꼭 읽어주시기를 바라는 작품도 없습니다. 과거의 작품은 전부 다 싫은 느낌이 들기 때문에 저 스스로 남에게 권하고 싶은 마음이 들지 않기 때문입니다.

서간

저는 4월 10일쯤부터 또 소설을 쓸 생각입니다. 저는 바보로 태어난 탓인지 몰라도 세상의 인간들이 전부 보기가 싫습니다. 그리고 하찮고 불쾌한 일이 있으면, 그것이 닷새고 엿새고 불쾌함으로 이어집니다. 마치 장마 때 날이 개지 않는 것과 같습니다. 제가 생각해도 싫은 성격입니다.

제가 좋아하는 사람은 세상에서 점점 사라지고 있습니다. 그리고 하늘과 땅과 풀과 나무가 아름답게 보이기 시작합니다. 특히 이맘때의 봄빛은 너무나도 아름답습니다. 저는 그것에 의지하며 살고 있습니다.

서간

나는 모든 문단에서 남용되는 공허한 유행어를 빌려 내 작품의 상표로 삼고 싶지 않다. 그저 나다운 것을 쓰고 싶을 뿐이다. 기량이 부족해 나보다 못한 것을 만들거나, 과시하려는 마음에 나보다 나은 것을 꾸며내 독자에게 미안한 결과를 낳는 것을 두려워할 뿐이다.

춘분 지나고까지

적어도 문학을 생명으로 여기는 사람이라면 단지 아름다움만으로는 만족할 수 없네. 만약 잘못되면 신경쇠약에 걸리든, 미치광이가 되든, 감옥에 가든 어떤 경우라도 상관없다는 생각이 아니라면 문학가가 될 수 없다고 생각하네. 문학가가 한가로이 초연하게 아름다움을 느끼며 세상과 동떨어진 듯한 작은 세상에서만 산다면 그건 그것대로 어쩔 수는 없겠지만, 커다란 세계로 나아간다면 단지 유쾌함을 얻기 위해 산다고는 할 수 없을 것이네. 더 나아가 고통을 찾기 위해 살아가지 않으면 안 된다고 생각하네.

서간

문단에 나가는 첫발은 실질적이어야 하네. 지금의 바보 같은 사람들이 이해하기 쉽도록, 읽기 쉽도록, 또 대적할 만한 사람으로 보여서 깔보지 못하도록 글을 써야 하네. 그렇기 때문에 논지는 짧아야 하고, 흥미는 시사적인 문제여야 하고, 그 밖에 여러 가지 자격을 갖춰야 하네. 그렇게 거듭해 나가다 보면, 거창하고 근본 있는 논의를 내놓아도 남이 읽을 수 있고 귀 기울일 수 있게 되는 것이네.

서간

문단에 서는 사람은 온갖 경쟁과 배척에 따르는 타락적인 행동에 대해 침착하게 대처해야 하네. 만약 청렴함과 고상함으로 처신할 생각이 없으면 단 하루도 머물러서는 안 되네.

서간

자네도 죽을 때까지 나아간다는 생각으로 하면 되지 않겠나. 작품을 쓴다면 온 힘을 다해 열심히 쓰면 되지 않겠는가. 후회하는 건 괜찮지만 그건 자신의 예술적 양심에 관한 것일 뿐, 세상의 비평가들 따위의 말로 후회할 필요는 없네.

서간

자네는 어째서 위축된다는 말인가. 오늘 훌륭한 작품을 쓰지 못한 것이 평생 쓰지 못한다는 의미는 되지 못하네. 비록 훌륭한 작품을 썼다고 해도 세상에 받아들여질지 아닐지 그건 누구도 장담할 수 없네. 그저 내가 할 수 있는 만큼 하는 것이네.

서간

인간의 가치는 뭔가 해보지 않고는 알 수 없네. 계속해서 공부를 하게. 하지만 세상에는 안 되는 줄 알면서도 앞이 보이지 않으니 낑낑대며 계속하는 사람이 있지. 그런 사람은 가르치고 설득해도 이해를 못 하네. 역시 스스로 쓰러질 때까지 계속해보고 집념을 떨쳐버리지 않으면 성에 차지 않는 법이지. 스스로 깨달을 때까지 하도록 놔두는 게 좋지만, 옆에서 보기에는 딱하다네. 이건 얼마 전 딱 한 사람에게서 느낀 것이지만 아무에게도 말하지는 않았네. 문학계의 일도 아니네.

자네에게 하라는 것은 문학이네. 스스로 뭔가를 써보지 않으면 어느 정도의 작품을 쓸 수 있는지 자기 자신도 알 수 없네. 또한 아무리 쓴다 해도 그 다음에는 자신이 어떤 식으로 나타나는지도 절대 알 수 없어.

서간

소설을 쓰고 나면 당분간 잠재워두는 편이 좋네. 남의 비평을 듣기보다 잠재워두고 나중에 다시 보면 얼마나 깨우치는 것이 많은지 모른다네(나처럼 그것을 직업으로 하는 사람은 별개로 하고).

서간

개인주의, 내가 여기서 말하는 개인주의라는 것은 결코 세상 사람들이 생각하는 것처럼 국가에 위험을 초래하는 것이 아닙니다. 나의 해석은 타인의 존재를 존중하는 동시에 자신의 존재를 존중한다는 것이므로, 나는 훌륭한 주의라고 생각합니다. 더 이해하기 쉽게 말하면, 당파심이 없어서 옳고 그름이 있는 주의입니다. 붕당을 결성하고 단체를 만들어 권력과 금력을 위해서 맹목적으로 움직이지 않는다는 것입니다. 그렇기 때문에 그 이면에는 남들이 모르는 고독함도 숨어 있습니다. 이미 당파가 아닌 이상, 나는 내가 나아가야 할 길을 내 맘대로 갈 뿐이며, 그와 동시에 타인이 가야 할 길을 방해하지 않기 때문에, 어떤 때 어떤 경우에는 인간이 뿔뿔이 흩어지지 않으면 안 됩니다. 그것이 고독한 것입니다.

나의 개인주의

무언가에 부딪힐 때까지 가보는 것은 학문을 하는 사람, 교육을 받는 사람이 평생의 일로, 혹은 10년, 20년의 일로 삼을 필요가 있지 않을까요? 아아, 여기에 내가 가야 할 길이 있다! 드디어 찾았다! 그렇게 마음속에서 감탄사를 외칠 때 여러분은 비로소 마음을 놓을 수 있을 것입니다. 쉽사리 무너지지 않는 자신감이 그 외침과 함께 불끈불끈 고개를 들지 않을까요? 이미 그 경지에 도달한 사람도 많을지도 모르지만, 만약 도중에 안개나 아지랑이 때문에 고민하는 사람이 있다면, 어떤 희생을 치르더라도, 아아, 여기구나 하는 곳을 찾을 때까지 계속 가보는 게 좋을 것입니다.

나의 개인주의

도중에 안개나 아지랑이 때문에 고민하는 사람이 있다면, 어떤 희생을 치르더라도, 아아, 여기구나 하는 곳을 찾을 때까지 계속 가보는 게 좋을 것입니다. 꼭 국가를 위해서만은 아닙니다. 또한 여러분의 가족을 위해서도 아닙니다. 여러분 자신의 행복을 위해서 그것이 절대로 필요하지 않을까 생각하기 때문에 말씀드리는 것입니다. 혹시 제가 걸어온 길을 이미 지나왔다면 어쩔 수 없지만, 만약 어딘가 거리낌이 있다면 그것을 짓밟아서라도 나아가지 않으면 안 됩니다. ― 물론 앞으로 나아가려 해도 어떻게 나아가야 할지 모르니 뭔가에 부딪힐 때까지 갈 수밖에 달리 방법이 없습니다.

나의 개인주의

나는 비로소 문학이란 어떤 것인가, 라는 개념을 나 자신의 힘으로 근본적으로 세우는 수밖에 달리 나를 구할 길이 없다는 걸 깨달았습니다. 지금까지는 완전히 '타인본위(他人本位)'로 뿌리 없는 부평초처럼 여기저기 되는 대로 떠돌아다녔기 때문에 모든 게 허사였다는 걸 그제야 깨달았던 것입니다. 내가 여기서 타인본위라고 하는 것은, 자신의 술을 남에게 마시게 한 다음에 그 품평을 듣고 거기에 무조건 따르는 것으로, 이른바 남의 흉내를 내는 것을 말합니다. 이렇게 한마디로 말하면 바보 같은 소리처럼 들리고, 아무도 그렇게 남을 흉내 내지는 않는다며 믿지 않을지도 모르지만, 사실은 결코 그렇지 않습니다.

나의 개인주의

나는 이 자기본위라는 말을 손에 쥐고 나서부터는 대단히 강해졌습니다. 그 사람들이 뭔데, 하는 기개가 생겼습니다. 그때까지 망연자실했던 나에게 여기에 서서 이 길에서 이렇게 가야 한다고 알려준 것은 바로 이 '자기본위'라는 네 글자였습니다. 고백하자면 저는 이 네 글자로부터 새롭게 출발한 것입니다.

나의 개인주의

저는 원고료로 먹고사는 정도니까 당연히 부유하다고는 할 수 없습니다. 하지만 그럭저럭 그것만으로도 하루하루 지낼 수는 있습니다. 그래서 제 직업 이외의 일이라면 되도록 남을 위해 호의적으로 일하고 싶다는 생각을 갖고 있어요. 그리고 그 호의가 상대방에게 통하는 것이 내게는 무엇보다 소중한 보수입니다. 그러니까 돈 같은 걸 받으면, 남을 위해서 일한다는 여지 ―지금 제게는 이 여지가 매우 작습니다만― 그 귀중한 여지가 줄어든 것 같은 기분이 듭니다.

유리문 안에서

병을 앓으면 운치가 사뭇 달라진다. 병이 들었을 때는 나 자신이 현실 세상에서 한 발짝 떨어진 기분이 든다. 남들도 나를 사회에서 한 발짝 멀어진 것처럼 너그럽게 봐준다. 이쪽은 자기 몫을 다하지 않아도 된다고 안심하고, 저쪽도 자기 몫을 다하는 것을 안쓰럽게 여기며 물러난다. 그리고 그러는 동안에 건강할 때는 도저히 바랄 수 없는 한가로운 봄날이 솟아난다. 편안한 그 마음이 바로 나의 시가 되는 것이다.

생각나는 것들

실현 가능한 정도의 이상을 품고, 여기에 미래의 이웃들과 조화를 구하고, 또 과거의 약점을 받아들이는 동정심을 갖고 현재의 개인에 대한 접촉면의 융합제로 하려는 마음가짐. 그것이 중요하다고 생각합니다.

문예와 도덕

주도면밀함이라는 말에는 좋은 의미와 나쁜 의미가 있네. 자신의 지혜로 가능한 한 생각하고, 자신의 감정으로 가능한 한 느끼지만, 상대와 자기가 맞지 않음을 조화롭게 해결하는 것은 좋은 주도면밀함이고, 그저 남을 도둑처럼 의심하고 뭐든지 몰래몰래 기선을 제압하는 걸 자랑스러워하는 것은 나쁜 주도면밀함이라고 하네.

자네가 느끼는 게 어느 쪽을 의미하는지는 모르겠네. 만약 전자라면 현명한 쪽으로 한걸음 나아가는 것이네. 혹시 후자라면 어리석은 쪽으로 한걸음 나아가는 것이지. 세상의 많은 재능 있는 사람들은 어리석은 쪽으로 다가가면서 스스로는 현명한 쪽으로 나아간다고 생각하네.

서간

소생은 남들에게서 박식하다느니 학자라느니 하는 말을 듣는 것을 좋아하지 않습니다. 그런 말들은 제가 그런 사람이 아닌 한, 그저 창피를 당하기만 할 뿐입니다. 하지만 저술은 좋든 나쁘든 저술임에 틀림없습니다. 제가 쓴 책에 대한 이런 분명한 비평은 좋은 것이든 나쁜 것이든 전부 다 기꺼이 받아들일 각오가 되어 있습니다. 그중에서도 특히 공평한 안목과 식견을 가진 사람의 감상은 진심어린 감사로써 받아들이고 있습니다. 이미 확실히 발표된 한 권의 책에 대한 비평은 그저 광막한 찬사나 허명과는 다른 것이라고 스스로 확신하고 있습니다.

서간

소생은 오늘날까지 그저 나쓰메 아무개로서 세상을 살아왔고, 앞으로도 그저 나쓰메 아무개로서 살아가기를 희망합니다. 따라서 저는 박사 학위를 받고 싶지 않습니다.

서간

나는 평생 얼마나 글을 쓸 수 있을까, 그것을 생각하는 낙으로 살고 있소. 또 앞으로 몇 년이나 싸움을 할 수 있을지도 낙이오. 인간은 자신의 능력이라도 스스로 시험해보기 전에는 알 수가 없소. 손아귀 힘 같은 거야 1분으로 시험해볼 수 있겠지만, 인내력과 문학가의 능력, 고집 같은 건 자기가 할 수 있는 만큼 해보지 않고는 스스로도 짐작할 수 없소. 옛사람들은 대개 자기를 충분히 발휘할 기회를 얻지 못하고 죽었을 것이오. 안타까운 일이지. 기회가 있으면 뭐든지 피하지 말고 자신의 역량을 있는 그대로 시험해보는 것이 가장 좋은 것 같소.

서간

나를 아버지로 생각하는 건 좋지만, 이렇게 다 큰 아들이 있다고 생각하면 내가 마음 놓고 떠들 수가 없네. 나는 지금도 청년이야. 아직 꽤 젊으니까 아버지란 말은 어울리지 않아. 형도 어울리지 않아. 역시 난 선생이고 친구 같은 사람이네.

서간

저는 자유로운 책을 읽고, 자유로운 것을 말하고, 자유로운 것을 쓰고 싶습니다.

서간

조용한 창가에서 좋아하는 책을 읽고, 여기저기 산과 강을 떠돌아다닌다면 인생이 가장 유쾌하지 않을까 생각하네. 나는 교육을 하러 학교에 가는 게 아니라 월급을 받으러 가는 것이네. 다른 모든 선생들도 분명 그럴 것이네.

서간

나는 한편으로는 해학적인 문학에 들락날락하면서도 그와 동시에 죽느냐 사느냐, 목숨이 오고가는 듯한 유신의 지사(志士)처럼 맹렬한 정신으로 문학을 해보고 싶다. 그렇지 않으면 왠지 어려운 것을 버리고 쉬운 것을 택하고, 격렬함을 꺼리고 한가로움을 쫓는 소위 '겁쟁이 문학가' 같다는 생각이 들어 견딜 수가 없다.

서간

전차 안에서 품속의 신문을 꺼내 커다란 활자에만 눈길을 주며 읽고 있는 사람 앞에, 내가 쓰는 한가로운 문장 같은 것을 늘어놓고 지면을 메워 보여준다는 것을 부끄러운 일 중 하나라고 생각한다. 이 사람들은 화재나 도둑, 살인, 그런 모든 하루하루의 일들 중에서 자신이 중대하다고 생각하는 사건, 또는 자신의 신경을 상당히 자극할 수 있는 신랄한 기사 외에는 신문을 손에 쥘 필요를 느끼지 못할 정도로 시간의 여유가 없기 때문이다. ― 그들은 정류장에서 전차를 기다리는 동안, 신문을 사서 전차를 타고 있는 동안 어제 일어난 사회의 변화를 알고, 그리고 관청이나 회사에 도착하는 동시에 호주머니에 집어넣은 신문은 까맣게 잊어버리지 않으면 안 될 만큼 바쁘기 때문이다.

나는 지금 이 정도로 잘게 조각난 시간밖에 자유롭게 쓸 수 없는 사람들의 경멸을 무릅쓰며 글을 쓰는 것이다.

유리문 안에서

소생의 소설《마음》의 교정에 대해 잠시 말씀드리겠습니다. 교정자가 무턱대고 조사를 바꿔 써서 의미가 통하지 않을 때가 있습니다. 그리고 일부러 글자를 바꿔 버립니다. 소생이 쓴 글은 신문사에게 소중하지 않을지라도 소생에게는 소중합니다. 소생은 독자에 대한 의무를 가지고 있습니다.

서간

자신의 마음을 붙잡고 싶은 사람들에게 인간의 마음을 붙잡는 이 작품을 권한다.

내 작품《마음》의 광고문

좋아하는 책을 하나하나 말해보라고 하는데, 오늘날처럼 바쁜 세상에 애독서라며 늘 옆에 두고 아침저녁으로 반복해 읽는다는 것은, 한가한 사람이면 가능할지 모르지만, 우리 같은 사람은 두 번 세 번 반복해서 읽고 싶은 것이 있어도 바빠서 그럴 수가 없다. 또한, 두 번이고 세 번이고 반복해서 읽을 만한 책도 많지 않다.

현대 독서법

인간의 가치는 뭔가를 해보지 않고는 알 수 없네. 자네는 계속해서 공부를 하게나.

하지만 세상에는 안 되는 일인 줄 알면서도 앞이 보이지 않아서 낑낑대며 계속하는 사람이 있지. 그런 사람은 가르쳐줘도 설득해도 이해를 못 하네. 역시 스스로 쓰러질 때까지 계속해보고 집념을 떨쳐버리지 않으면 성에 차지 않는 법이지. 스스로 깨달을 때까지 하도록 놔두는 게 좋지만, 옆에서 보기에는 딱하다네. 이건 얼마 전 딱 한 사람에게서 느낀 것이지만 아무에게도 말하지는 않았네. 문학계의 일도 아니지.

자네에게 하라는 것은 문학이네. 스스로 뭔가를 써보지 않으면 어느 정도의 작품을 쓸 수 있는지 자기 자신도 알 수 없네. 또한 아무리 쓴다 해도 그 다음에 자신이 어떤 식으로 나타나는지도 절대 알 수 없네.

서간

명창정궤(明窓淨机). 이것이 나의 취미일 것이다. 한적함을 사랑한다. 작아져서 한가로이 살고 싶다. 밝은 것이 좋다. 따뜻한 것이 좋다.

문사의 생활

세상 사람은 다들 박사나 교수가 정말로 고마운 사람인 것처럼 말하네. 나에게도 교수가 되라고 말하네. 교수가 돼서 말석에라도 자리 잡는 것이 명예로운 일이라는 것은 말할 필요도 없지. 교수는 전부 대단한 사람들뿐인 것 같네. 하지만 대단하지 않은 나 같은 사람은 그들 사이 말석에조차 설 수 있는 자격이 없을 것 같다는 생각에 큰맘 먹고 재야로 내려왔네. 인생을 오직 운명에 맡길 수밖에 도리가 없어 앞길은 참담하다네. 그럼에도 불구하고 대학에 들러붙어서 누렇게 변한 노트를 내내 되풀이하는 것보다는 인간으로서 기특하지 않을까. 내가 앞으로 무엇을 할지, 어떤 일이 생길지 나 자신도 모르네. 그저 할 수 있을 만큼 하는 수밖에 없네.

서간

책을 읽기만 하고 아무것도 하지 못한다는 것은, 접시에 담긴 팥떡을 그림 속의 팥떡으로 착각하고 얌전히 바라만 보고 있는 것과 같은 것이네. 특히 문학가 같은 사람은 아름다운 것을 내뱉지만, 그에 비해 아름다운 행동은 하지 않는 법이지.

우미인초

백 년 후, 백 명의 박사는 흙으로 변하고 천 명의 교수는 진흙으로 화할 것이네. 나는 나의 글이 백 대 후에까지 전해지기를 바라는 야심가일세.

눈앞의 사람들과 싸운다는 것은 그들을 내 안중에 두지 않으면 안 되는 것이네. 그들을 안중에 둔다면 더 몸을 사리고 좋은 평판을 받으려고 애를 쓰겠지. 내가 그 정도도 모를 만큼 어리석지는 않아. 그저 1년, 2년 혹은 10년, 20년 이어질 호평이나 악평은 털끝만큼도 신경 쓰지 않네. 왜냐하면 나는 언제나 가장 빛나는 미래를 상상하기 때문이지. 그들을 안중에 둘 만큼 나는 소심하지 않네. 그들에게 본체를 드러낼 만큼 나는 바보가 아니네. 그들이 정체를 꿰뚫어 볼 수 있을 만큼 나는 얕은 사람도 아니네.

나는 주변 사람의 칭찬을 바라지 않고 천하의 신앙을 바라네. 천하의 신앙을 바라지 않고 후세의 숭배를 기대하네. 이 희망이 있을 때 나는 비로소 나의 위대함을 느끼네. 자네도 나와 똑같은 사람일세. 자네의 위대함을 절실히 느낄 수 있을 때, 모든 일의 인과는 붉은 화로 위로 떨어지는 눈송이처럼 사라질 것이네. 노력하고 또 노력하게.

서간

그저 1년, 2년 혹은 10년, 20년 이어질 호평이나 악평은 털끝만큼도 신경 쓰지 않네. 왜냐하면 나는 언제나 가장 빛나는 미래를 상상하기 때문이지. 나는 그들을 안중에 둘 만큼 소심하지는 않네. 나는 그들에게 본체를 드러낼 만큼 바보가 아니네. 나는 그들이 정체를 꿰뚫어 볼 수 있을 만큼 얕은 사람도 아니네. 나는 주변의 칭찬을 바라지 않고 천하의 믿음을 바라네. 천하의 믿음을 바라지 않고 후세의 숭배를 기대하네. 이 희망이 있을 때 비로소 나는 나의 위대함을 느끼네.

서간

공부하고 있습니까? 뭐라도 글을 쓰고 있습니까? 여러분은 새로운 시대의 작가가 될 생각이겠지요. 나 역시 그런 마음으로 여러분의 장래를 지켜보고 있습니다. 오로지 소처럼 뱃심 좋게 나아가는 것이 중요합니다.

서간

소가 되는 것은 꼭 필요한 일입니다. 우리는 어떻게든 말이 되고 싶어 하지만, 소처럼은 좀처럼 될 수 없습니다. 나처럼 노회한 사람도 지금은 소와 말 사이에서 태어난 혼혈아 같은 정도입니다.

안달해서는 안 됩니다. 머리를 나쁘게 써서는 안 됩니다. 끈기 있게 앞으로 나아가십시오. 세상은 끈기 앞에서는 머리를 숙이지만, 불꽃 앞에서는 한순간의 기억밖에 주지 않는 법입니다. 낑낑대며 죽을 때까지 밀어야 합니다. 오로지 그것뿐입니다. 절대로 상대를 속여서 그것을 밀어서는 안 됩니다. 상대는 그 뒤로도 얼마든지 줄줄이 나타나기 때문입니다. 그리고 우리를 고민에 빠트리게 합니다.

소는 초연히 밀고 갑니다. 무엇을 미는 거냐고 묻는다면 대답하겠습니다. 인간을 미는 것입니다. 문사를 미는 것이 아닙니다.

서간

나는 죽기 직전까지 진보할 생각이다.

서간

미문

하늘은 갈아놓은 칼을 걸어놓은 듯 맑다. 가을 하늘이 겨울로 변하려는 순간 만큼 높아 보일 때는 없다. 비단 같은 구름의 희미한 그림자조차도 눈동자 속에 떨어지지 않는다. 날개가 있어 날아오른다면 어디까지고 날아오를 수 있을 게 분명하다. 하지만 아무리 오른다 해도 오를 수 없을 것만 같은 것이 이 하늘이다. 무한하다는 느낌은 이런 하늘을 바라볼 때 가장 잘 일어난다. 무한히 멀고, 무한히 아득하며, 무한히 고요한 이 하늘을 서슴없이 가르며 은행나무가 황금빛 구름을 한데 모으고 있다. 그 옆에는 자코인(寂光院)의 기와지붕이 푸른 하늘의 일부를 가로지르며 수십만 장이 겹쳐진 듯 검은 비늘처럼 따스한 햇살을 비추고 있다.

취미의 유전

평평한 뜰 너머는 바로 낭떠러지 같고, 눈 아래로 으스름달밤의 바다가 곧장 펼쳐진다. 갑자기 마음이 커진 것 같은 기분이다. 고기잡이배의 불빛이 여기저기 깜빡이는데, 저 멀리 끝에 있는 불빛은 하늘로 들어가 별이 되어버리려는 걸까.

풀베개

나무에 기대고 있는 것은 담쟁이덩굴, 서로 휘감긴 채 몇 대를 떠나지 않는데, 밤에 만나 아침에 헤어지는 그대와 나에게는 휘감길 시간조차 없다. 가냘픈 몸이 가까이 다가온다면, 줄기를 뒤흔드는 폭풍에, 뿌리 없는 덩굴처럼 쓰러져버리겠지. 다가오지 않는다면 남몰래 묶어둔 사랑의 실을 끊고 그대는 떠나겠지. 사랑이 녹아 눈꺼풀에 넘치는데, 그 이슬 속의 빛을 보지 못하는가. 내가 사는 집은 오래되었지만, 내가 아는 봄은 태어나서 열여덟 번뿐이다. 슬픔이 가슴에 넘쳐흐르는 것은, 닫혀 있던 구름이 저절로 걷히고 화창한 햇살이 대지를 가로지르는 것과 다르지 않다. 들판을 뒤덮고 계곡을 메우며 천 리 밖까지 따뜻한 빛을 드리운다. 밝은 그대의 눈과 마주친 지금의 마음은, 갱도를 빠져나와 세상의 봄바람을 맞고 있는 것과도 같거늘, 한마디 말도 나누지 못하고 내일 이별이라니 야속하다.

해로행

돌 밑에서 비스듬히 나를 향해 파란 줄기가 뻗어왔다. 순식간에 자라더니 내 가슴께까지 와서는 멈췄다. 그리고 하늘하늘 흔들리는 줄기 끝에 고개 숙이고 있던 가늘고 긴 한 송이 꽃봉오리가 봉긋이 꽃잎을 펼쳤다. 새하얀 백합 향기가 뼈에 사무치듯 코끝에서 풍겼다.

멀리 하늘에서 똑 하고 이슬방울이 떨어지자, 꽃은 자신의 무게 때문에 흔들흔들 움직였다.

나는 고개를 내밀어 차가운 이슬이 떨어지는 하얀 꽃잎에 입을 맞추었다. 백합에서 얼굴을 떼려다가 무심코 먼 하늘을 바라보니, 새벽별 하나가 홀로 깜박이고 있었다.

몽십야

그는 빗속에서, 백합 속에서, 되살아나는 과거 속에서 순수하고 평화로운 생명을 발견했다. 그 생명의 이면에도 전면에도 욕망은 없었다. 이해(利害)도 없었다. 자신을 압박하는 도덕도 없었다. 구름과 같은 자유와 물과 같은 자연이 있었다. 그리고 모든 것이 더없이 행복했다. 그래서 모든 것이 아름다웠다.

그 후

한적하다. — 모든 것이 움직이지 않는 것이 가장 한적하다고 생각하는 것은 잘못이다. 움직이지 않는 커다란 면 안에서 한 점이 움직이기 때문에 그 한 점 바깥의 고요함을 알 수 있다. 게다가 그 한 점이 움직인다는 느낌이 무겁지 않을 정도로, 아니, 그 한 점의 움직임 그 자체가 해탈의 모습을 띠며, 동시에 다른 부분의 고요함을 되돌아보게 할 만큼만 하늘거린다면 — 그때가 가장 한적함을 느끼는 순간이다.

한 점 바람도 없이 은행나무 잎이 떨어지는 풍경이 바로 그것이다.

헤아릴 수 없는 잎이 밤낮을 마다않고 내리기 때문에 나무 아래는 검은 땅이 보이지 않을 만큼 부채꼴의 작은 잎들로 깔려 있다. 승려도 그것까지는 엄두가 나지 않아 당분간은 청소의 번거로움을 피하고 있는 건지, 그게 아니면 수북이 쌓인 낙엽이 운치 있어 내버려둔 채 바라보고 있는 건지, 어쨌든 아름답다.

취미의 유전

매화가 드문드문 눈에 들어오기 시작했다. 빨리 핀 것은 이미 색을 잃고 지기 시작했다. 비는 안개처럼 내리기 시작했다. 비가 개고 햇볕에 데워질 때, 땅에서도, 지붕에서도, 봄의 기억을 새롭게 할 습기가 뭉게뭉게 피어올랐다. 뒷문 옆에 말려둔 우산을 강아지가 가지고 놀 때는 우산 색깔이 반짝이며 아지랑이가 타오르는 듯 한가로이 느껴지는 날도 있었다.

문

여기는 남쪽 나라로, 하늘에는 짙은 남색이 흐르고 바다에도 짙은 남색이 흐르며, 그 속에 가로놓인 먼 산 또한 짙은 남색을 머금고 있다. 단지 봄의 물결이 졸졸졸 물가를 씻는 끝자락만이, 한 줄기 희고 긴 천처럼 보인다. 언덕에는 감람나무가 짙은 초록잎을 따뜻한 햇살에 씻기고 있고, 그 잎 뒤로는 수많은 물떼새를 숨기고 있다. 정원에는 노란 꽃, 빨간 꽃, 보라 꽃, 다홍 꽃 ― 세상의 온갖 봄꽃들이 온갖 색을 다하여 피었다가 흩어지고, 흩어졌다가 떨어지고, 떨어졌다가 다시 피며, 겨울을 모르는 누군가를 향하여 자랑한다.

환영의 방패

하늘은 두드려 편 솜을 두껍게 깔아놓은 듯 무겁다. 흐르는 물을 사이에 두고 양쪽의 버드나무가 한 그루 한 그루 푸른빛을 머금고 아지랑이처럼 자욱하다. 이승과 저승의 경계에 서서 헤매는 사람이 있다면 그 사람의 영혼들을 나란히 세워놓은 듯한 느낌이다. 그림 같은 소녀가 배를 타고 저세상으로 가는 것을 나란히 서서 떠나보내는 모습 같기도 하다.

해로행

아이와 개가 가버린 후, 어린잎의 넓은 정원은 다시 원래의 고요함으로 돌아갔다. 그리고 우리는 침묵에 갇힌 사람처럼 한동안 움직이지 않았다. 아름다운 하늘의 색이 서서히 빛을 잃어갔다. 눈앞에 있는 나무는 거의 단풍나무였고, 그 가지에 물방울처럼 솟아난 가벼운 초록의 어린잎이 차츰 어두워지는 것 같았다. 멀리 길에서 수레를 끄는 소리가 덜컹덜컹 들려왔다.

마음

보통 가지가 겹치면 아래에서 하늘이 보이지 않는다. 목련 가지는 아무리 겹쳐도 가지와 가지 사이의 틈새가 시원하게 벌어져 있다. 목련은 나무 아래에 선 사람의 눈을 어지럽힐 만큼 가느다란 가지를 쓸데없이 뻗지 않는다. 꽃마저 환하다. 저 아래 아득한 곳에서 올려다보아도 한 송이 꽃은 분명히 한 송이로 보인다. 그 한 송이가 어디까지 무리 지어 어디까지 피어 있는지 알 수 없다. 그런데도 한 송이는 끝내 한 송이고, 한 송이와 한 송이 사이로 푸르스름한 하늘이 또렷이 보인다.

꽃의 빛깔은 물론 순백이 아니다. 쓸데없이 하얀 것은 너무 차갑다. 오로지 하얗기만 한 것은 일부러 사람의 눈을 빼앗는 계략이 보인다. 목련의 색은 그런 것이 아니다. 극도의 하얀색을 일부러 피하여 따뜻한 느낌이 있는 담황색으로 그윽하고 고상하게 자신을 낮추고 있다.

나는 납작한 돌을 깐 길 위에 서서 이 얌전한 꽃이 허공으로 어디까지고 겹겹이 뻗어가는 모습을 잠시 멍하니 올려다보고 있었다. 눈에 떨어지는 것은 꽃뿐이다. 잎은 하나도 없다.

풀베개

건너편 동백이 눈에 들어왔을 때 나는 아아, 보지 않았으면 좋았을걸, 하고 생각했다.

저 꽃의 빛깔은 단순한 빨강이 아니다. 눈을 번쩍 뜨게 할 만큼의 화려함 속에 말로 할 수 없는 차분한 분위기를 띠고 있다. 초연하게 시들어가는 빗속의 배꽃을 보면 그저 가련한 사랑스러운 느낌이 든다. 차갑고 요염한 달빛 아래의 해당화를 보면 그저 사랑스러운 마음이 인다. 차분히 가라앉아 있는 동백과는 전혀 다르다. 거무스름하니 독기가 있는, 어쩐지 두려움을 느끼게 하는 분위기다. 이런 분위기를 속에 품고 있으면서 겉으로는 어디까지나 화려하게 치장하고 있다. 게다가 사람에게 아양을 떠는 모습도 없고, 특히 사람을 부르는 모습도 보이지 않는다. 확 피었다가 툭 지고, 툭 졌다가 확 피고, 수백 년의 성상을 사람들 눈에 띄지 않는 산그늘에서 태연자약하게 살고 있다. 단 한 번 보기만 하면 그걸로 끝! 본 사람은 그녀의 마력에서 결코 벗어날 수 없다.

그 빛깔은 단순한 빨강이 아니다. 도륙된 죄수의 피가 사람의 눈을 끌어 스스로 사람의 마음을 불쾌하게 하는 듯한, 일종의 이상한 빨강이다. (중략)

저 꽃은 결코 지지 않는다. 무너진다기보다는 단단히 뭉친 채 가지를 떠난다. 가지를 떠날 때는 한 번에 떠나기 때문에 미련이 없는 것처럼 보이지만 떨어져도 뭉쳐 있는 것은 어쩐지 독살스럽다.

   또 뚝 떨어진다. … 또 하나의 커다란 꽃이 피를 칠한 도깨비불처럼 떨어진다. 또 떨어진다. 뚝뚝 떨어진다. 한없이 떨어진다.

풀베개

   바닥에는 가늘고 긴 수초가 왕생하여 가라앉아 있다. 나는 '왕생'이라는 말 외에 형용할 만한 말을 알지 못한다. 언덕의 억새풀이라면 나부끼는 것을 안다. 해초라면 유혹하는 파도의 연정을 기다린다. 백년을 기다려도 움직일 것 같지 않은, 연못 밑바닥에 가라앉은 이 수초는, 움직일 수 있을 만한 모든 자세를 갖춘 채, 희롱당하게 될 때를 밤낮으로 기다리며 날을 보내고 밤을 새우고, 그렇게 몇 대(代)의 생각을 줄기 끝에 품으며 지금에 이르기까지 끝내 움직이지도 못한 채, 또한 완전히 죽지도 못한 채, 살아 있는 것만 같다.

풀베개

엉긴 구름의 바닥을 뚫고 온종일 하늘을 기울이며 퍼붓던 비는 대지의 골수에 스며들 때까지 내리다가 그쳤다. 봄은 여기서 끝난다. 매화나무도, 벚나무도, 복숭아나무도, 자두나무도 꽃이 지고, 또 지다가 남아 있는 붉은 꽃마저 꿈처럼 떨어져 버렸다. 봄에 자랑하던 모든 것들이 사라진다.

우미인초

명자나무 꽃은 재미있다. 가지는 완고하여 일찍이 구부러진 적이 없다. 그렇다고 곧은가 하면 꼭 그렇지도 않다. 다만 곧고 짧은 가지에 곧고 짧은 가지가 어떤 각도로 맞부딪치고 비스듬한 자세를 취하면서 전체를 이루고 있다. 거기에 분홍빛인지 흰빛인지 알 수 없는 꽃이 한가로이 핀다. 부드러운 잎사귀도 어른어른 걸쳐져 있다. 평하자면 명자나무 꽃은 꽃 중에서 어리석고도 깨달음을 얻은 꽃이라 해야 할 것이다.

세상에는 혼자만의 수수한 삶을 사는 사람이 있다.

그 사람이 내세에 환생하면 아마 명자나무가 될 것이다. 나도 명자나무가 되고 싶다.

풀베개

바위의 우묵한 곳에 고인 봄의 물이, 놀라, 너울너울 느릿하게 일렁이고 있다. 깊이 고인 물결이 지반의 울림으로 바닥에서 움직이기에, 표면이 불규칙하게 곡선을 그릴 뿐, 부서지는 부분은 어디에도 없다. 원만하게 움직인다, 라는 말이 있다면 이런 경우에 쓸 수 있으리라. 차분히 그림자를 적시고 있던 산벚나무가 물과 함께 길어졌다 짧아졌다, 굽었다 휘었다 한다. 하지만 어떻게 변하든 여전히 벚나무의 모습을 분명히 지키고 있다는 것이 참으로 재미있다.

풀베개

분꽃이 울타리 옆에서 꽃을 피웠다. 수반 그늘에 돋아난 가을 해당화 잎이 눈에 띄게 커졌다. 장마가 드디어 개고 낮에는 구름봉우리의 세계가 되었다. 강렬한 햇빛은 넓은 하늘을 꿰뚫을 듯 태우고 하늘 가득한 열기를 지상으로 내리쬐는 날씨가 되었다.

그 후

머리맡을 보니 겹동백꽃 한 송이가 다다미 위에 떨어져 있다. 다이스케는 어젯밤 잠자리에서 분명히 이 꽃이 떨어지는 소리를 들었다. 그의 귀에는 그것이 고무공을 천장에서 내던진 소리처럼 울렸다. 밤이 깊어 사방이 고요한 탓인가 생각했다. 혹시 몰라서 오른손을 심장 위에 얹고, 갈비뼈 끝에 정확히 와 닿는 피 소리를 확인하며 잠이 들었다.

그 후

  가을의 안개는 싸늘하게, 길게 뻗은 아지랑이는 한가롭게, 저녁밥 짓는 이의 연기는 파랗게 피어오르며, 드넓은 하늘에 자신의 덧없는 모습을 맡긴다. 여러 정취와 비애가 있겠지만, 봄날 밤 온천의 어렴풋함만큼은 목욕하는 이의 살갗을 부드럽게 감싸며, 내가 옛날 사람이 아닐까 하고 나 자신을 의심하게 한다.

풀베개

봄에는 졸린다. 고양이는 쥐 잡는 것을 잊고, 인간은 빚진 것을 잊는다. 때로는 자신의 영혼이 있는 곳조차 잊으며 정신이 몽롱해진다. 다만 멀리서 유채꽃을 바라보았을 때, 눈이 번쩍 뜨인다. 종달새 울음소리를 들었을 때, 영혼이 있는 곳이 분명해진다. 종달새가 우는 것은 입으로 우는 것이 아니라, 영혼 전체가 우는 것이다. 영혼의 활동이 소리로 나타난 것 중에 저토록 힘찬 것은 없다. 아아, 유쾌하다. 이렇게 생각하며 이렇게 유쾌해지는 것이 시다.

풀베개

바다는 발밑에서 반짝인다. 가로막는 구름 한 점 없는 봄 햇살은 물 위를 구석구석 비춰, 어느새 온기가 파도 아래까지 스며들었구나 싶을 만큼 따스해 보인다. 감청색을 매끄럽게 붓질해놓은 곳곳에 은빛의 작은 비늘이 겹쳐져 촘촘히 움직이고 있다. 봄의 해가 한없는 천하를 비추고, 천하가 한없는 물을 채우는 동안, 하얀 돛은 새끼손가락의 손톱만 하게 보일 뿐이다. 게다가 그 돛은 조금도 움직이지 않는다.

풀베개

건너편 집에는 예순쯤 되는 할아버지가 처마 밑에 쪼그리고 앉아 묵묵히 조개껍질을 까고 있다. 탁 하고 작은 칼이 닿을 때마다 붉은 속살이 소쿠리 안으로 숨어든다. 조개껍질은 반짝 빛을 발하며 두 자 남짓한 아지랑이 쪽을 향해 가로지른다. 언덕처럼 그득히 쌓인 조개껍질은 굴일까, 개량조개일까, 긴맛조개일까. 무너지며 떨어진 껍질 몇 개는 속세의 표면에서 모래 강바닥으로 떨어져 어두운 나라에 묻힌다. 묻히고 나면 금세 새 조개가 버드나무 아래에 쌓인다. 할아버지는 조개의 행방을 생각할 겨를도 없이, 그저 텅 빈 껍질을 아지랑이 위로 내던진다. 그의 소쿠리는 밑을 받치는 바닥이 없고, 그의 봄 햇살은 한없이 한가로워 보인다.

풀베개

봄날의 해는 어제처럼 저물고, 이따금 바람에 이끌린 꽃보라가 찢어진 부엌 장지문 틈으로 날아 들어와, 양동이 안에 떠 있는 그림자가 희미한 부엌 램프의 불빛에 하얗게 보인다.

나는 고양이로소이다

하늘이 하늘의 바닥에 폭 잠겨버린 듯이 맑았다. 높은 해가 푸른 곳을 눈길 닿는 데까지 비추었다. 햇살이 구석구석 되비치는 땅 위에서 나는 홀로 고요히 따스해졌다. 그리고 눈앞에 떼를 지은 수많은 고추잠자리를 보았다. 그리고 일기를 썼다.

사람보다 하늘, 말보다 침묵.

생각나는 것들

'맑은 가을날'이라는 이름이 붙을 만큼 화창한 날씨라서 길 가는 사람의 나막신 소리가 고요한 마을이기에 더 한층 낭랑하게 들려온다. 팔베개를 하고 처마 위를 올려다보니 깨끗한 하늘이 온통 푸르게 맑다.

문

대여섯 시간 뒤에 겨울밤은 송곳 같은 서리를 품고 부쩍 밝아졌다. 그러고 한 시간이 지나자 대지를 물들이는 태양이 가로막는 것 없는 푸른 하늘에 거침없이 솟아올랐다.

문

옮긴이의 말

 일본의 국민 작가로 불리는 나쓰메 소세키는 1867년 도쿄에서 태어나 1916년에 생을 마감했습니다. 도쿄대학을 졸업하고 영어 교사로 일하다가 문부성의 명을 받아 영국 유학을 떠났습니다. 귀국 후 대학에서 영어 강사로 재직하는 동안《나는 고양이로소이다》를 발표하면서 작가로 데뷔하게 되었습니다. 그 후《우미인초》,《산시로》,《마음》,《그 후》 등 여러 명작을 발표하며 지병으로 세상을 뜰 때까지 쉬지 않고 글을 썼습니다. 쉰 살의 길지 않은 생애 동안 작가로 활동한 기간은 10년 남짓으로 짧았지만 15편의 중장편, 9편의 단편 등의 작품을 통해 일본의 국민적 대작가로 자리매김하게 되었습니다.

 소세키는 인간 내면의 심리를 깊이 파고들며 인간의 갈등, 고독, 인간관계의 미묘함을 예리하게 그려냅니다. 평생 세상과 자신의 삶의 방식 사이의 괴리를 고뇌했던 소세키는 타인에게 좌우되지 않은 '자기 본위'의 삶을 살아가려고 애를 썼습니다. 그런 그의 고뇌와 통찰은 작품 속에 남아서 지금도 많은 이들에게 울림을 주고 있습니다.

국내에도 소설과 몇몇 수필이 번역되어 소개되고 있지만, 소설 외에도 평론, 서간, 시, 기행문, 강연록, 일기, 담화문 등 다양한 장르에서 소세키의 글이 남아 있습니다.

이 책은 이와나미 쇼텐의 《나쓰메 소세키 전집》을 저본으로 하여 다양한 장르의 글에서 발췌한 문장을 모아 엮은 것입니다. 인간, 사랑, 세상, 인생, 생사, 예술, 작가, 미문 등 총 8개의 테마로 나뉘어 소개하고 문장의 출처가 되는 작품명을 함께 실었습니다.

> 백 년 후, 백 명의 박사는 흙으로 변하고 천 명의 교수는 진흙으로 화할 것이네. 나는 나의 글이 백 대 후에까지 전해지기를 바라네.

제자 모리타 소헤이에게 보낸 편지에서 소세키는 이렇게 말했습니다. 세상과 치열하게 싸우고 인간에 대해 고민했던 그의 진지한 고뇌와 날카로운 통찰은 그의 바람처럼 백 년이 지난 지금을 살아가는 우리에게도 여전히 삶을 이끌어주고 자신을 되돌아보게 합니다. 이 책 속의 문장들이 여러분께 힘과 위로가 되어줄 수 있기를 바랍니다.

옮긴이 박성민

도쿄외국어대학교 대학원에서 일본어학을 전공하고 통번역사로 일했다. 번역서로 《나쓰메 소세키-인생의 이야기》, 《꽃을 묻다》, 《어떻게 사랑한다고 말해》, 《고양이를 쓰다》, 《고양이와 쇼조와 두 여자》, 《해부학 교실에 오신 걸 환영합니다》, 《카레라이스의 모험》, 《먹는 인간》 등이 있다.

소세키의 말

2025년 6월 20일 1판 1쇄 찍음
지은이　나쓰메 소세키
펴낸곳　시와서 출판
펴낸이　송승현

출판등록　2016. 12. 6.
전화　070-8200-1604
이메일　siwaseo@gmail.com
블로그　blog.naver.com/siwaseo
인스타그램　www.instagram.com/siwaseo

ISBN　979-11-91783-13-1

이 책의 저작권 및 출판권은 시와서 출판이 소유하며 무단복제를 금합니다.
잘못 만들어진 책은 구입하신 서점에서 교환해드립니다.